孫政才
下台內幕

I0129260

作者／王淨文　季達

目錄

第一章

孫政才
推行重慶模式而落馬

2017年7月24日江派接班人、重慶市委書記孫政才落馬，王岐山指其處理薄王遺毒不力。孫接管重慶後持續暗推薄熙來「唱紅打黑」的重慶模式，執行江派復仇計畫。十九大前孫政才落馬，是中共內部重大的權力重組，動搖了江派的希望。

由於孫政才繼續暗中推行「重慶模式」，營造薄熙來東山再起的幻想。所以王岐山指責孫政才「處理薄、王遺毒不力」，是政治立場的大事。（AFP）

第一節

新「西南王」落馬有因

2016 年新年，習近平首選去重慶考察調研，孫政才（左）和黃奇帆（右）陪同。當時有人猜測這是重慶官場變動的信號。圖為二人於 2016 年中共兩會重慶代表團審議。（Getty Images）

2017 年 7 月 12 日，孫政才還在重慶以組長身份主持召開重慶市委會議並發表長篇講話；7 月 13 日，他興沖沖赴北京，出席中共「第五次全國金融工作會議」，但剛下飛機，就在機場被中紀委的黑衣人帶走。

7 月 15 日，金融會議結束的當天，習近平當局宣布免去孫政才重慶市委書記的職務，由貴州省委書記陳敏爾接任。當時官媒並沒有提孫政才「另有任用」，外界紛紛披露，孫政才被調查。

九天後的 7 月 24 日，重慶市委書記兼中共政治局委員的孫政才被當局立案審查。比其前任薄熙來快五倍。2013 年薄熙來從被免重慶書記到被立案審查歷時 26 天，如果從王立軍闖入美領館開始計算，薄受查前擾攘了 45 天，但孫政才僅用了九天。

有分析說，究其原因，是因為薄案發時距離十八大尚有半年時間，而孫落馬時離十九大召開最多只有三個多月，時間緊迫。

中紀委批重慶陽奉陰違 薄王遺毒仍在

孫政才落馬，早有先兆。

2016 年的新年，習近平首選去重慶考察調研，接待陪同的是重慶市委書記孫政才和重慶市長黃奇帆。當時一些觀察家都頗感意外，不太明白習近平此舉的用意，認為重慶在孫政才的主持下未見什麼大動靜；也有人猜測這將是重慶官場變動的信號。

2017 年 2 月，中央巡視組對重慶「回頭看」的通報給出了更明確的信號。通報中，官方嚴厲批評重慶官場：貫徹習近平的講話精神有差距；一些幹部「帶病提拔」；一些領導幹部十八大後不收斂、不收手；「清除薄、王（薄熙來、王立軍）思想遺毒不徹底」；國企腐敗形勢依然嚴峻等等。孫政才當時表態說：「嚴肅對待、誠懇接受、照單全收、堅決整改。」

當時就有評論認為，作為中共十九大的熱門人選，遭到這樣嚴厲且不留一點面子的批評，就是相當明確的信號了，臨到十九大前翻船的可能性也很大。

據港媒 3 月披露，中央巡視組向重慶市反饋巡視「回頭看」情況時，批重慶市委明哲保身，違背當局對重慶工作意見的指示，「黨政領導班子拉山頭、搞派系」。

報導還說，巡視組公布反饋情況前夕，王岐山、趙樂際與栗戰書，代表政治局、中紀委、中央書記處召見孫政才等人，批評他們放任巡視組在上輪巡視後提出的問題繼續惡化、積壓，對中央「搞陽奉陰違」。

巡視組領導成員姜信治當時更是放重話：「回頭看」發現的問題表現在下面，根子在上面；市委書記和市委成員「要把自己

擺進去」，自覺擔責。

十九大內審第一關未過

接下來是中共有關十九大「關鍵人選」的內部評議。據港媒披露，孫政才在第一關就不合格。而曾率隊巡視重慶的第十一巡視組組長徐令義，也許因調查有功，已升任正部級巡視專員，相當於中紀委副書記。

第一關是 4 月中旬結束的地方考核，主要由地方部門、各界上層（人大、政協、民主黨派、黨代表）審議；第二關是中央調研組的考察、查核；第三關是中共政治局、十九大籌備領導小組總評議，提初步意見。

據稱，孫政才的結果是地方部門考核不合格、中央考察合格、中央總議待考。也就是說，假如沒有何挺、王珉等人在獄中的招供，若郭文貴在海外沒有鬧得那麼大的動靜，中央的最後結果也還可能是合格。

6 月 16 日，重慶市副市長、重慶市公安局局長何挺被免職。何挺是孫政才的下屬兼老鄉和朋友，長期在中共政法系統任職，被視為江派前常委、政法委書記周永康的馬仔之一。

孫政才到底犯下什麼罪過，25 日中共官媒刊文稱，孫政才被查說明當局「不會向重權折腰」。文章表示，「眼看他起高樓，眼看他樓塌了」；雖然現在尚不清楚孫政才違犯了什麼罪，但是可以想見，「他的問題應該非常嚴重」。

25 日台媒《聯合報》報導，孫政才犯下的主罪應該是習近平提的「七個有之」，即「搞團團伙伙、拉幫結派的有之；……搞

自行其是、陽奉陰違的有之；搞尾大不掉、妄議中央的也有之等等。」

有評論說，由於年齡優勢，孫政才曾被視為總理李克強的接班人。這次孫落馬，外界認為，習近平打破了三項中共黨內約法，包括七上八下；派別平衡；隔代指定，主要領導人連任不能超過兩屆等等。

從孫政才落馬時間來看，這是習近平在北戴河會議前向政治對手發出的警告。這顯示：「習才是黨內決定性的聲音。他能夠按照自己的意願進行人事安排。」

第二節

孫政才 PK 薄熙來

孫政才（上）同薄熙來（下）的落馬有諸多類似之處，但又有所不同。（Getty Images）

薄熙來與孫政才相似之處 迫害急先鋒

孫政才落馬前，與薄熙來一樣都是中共政治局委員、都是重慶市委書記、都曾被視為中共的新一代領導人選。兩人都是在中共新一屆全國代表大會前被突然免職，後被宣布調查，都掀起中共政壇震盪。

孫政才被免職前，重慶市公安局長何挺已落馬，二人是同鄉好友。而五年前，也是重慶市公安局長王立軍的出逃，牽出薄熙來，薄王兩人關係也一度非常密切。在政治上，一個在重慶高調「唱紅打黑」；另一個則是沒有清理「唱紅打黑」的餘毒，譬如被薄熙來「唱紅打黑」運動中虛構的 640 個「黑社會」的民營企

業家，孫政才一個也沒給平反。

另外，孫政才和薄熙來落馬的相似關鍵點，還是兩人都是江派迫害法輪功的急先鋒。薄熙來在落馬前，因其手上有「殘酷迫害法輪功的血債」成為江派安排的接班人，孫政才也因迫害法輪功名列法輪功網站的惡人榜。

江派最突出的特點就是他們貪腐，在法輪功問題上執行血腥鎮壓。正因為江派欠下那麼多血債，故而不敢失去權力，因為一旦後來者掌權，一定會對江派的殺人罪行和錯誤政策進行糾偏和平反，而江派就會因此被送上審判台。就如同文革後，四人幫被審判一樣。故而，江派拚命也想把習近平打下去，讓自己的罪行不被清算。因此，法輪功問題成了江派與習陣營的分水嶺和區分線，法輪功成了中共政壇最核心的問題。

孫政才在吉林任職期間，2010 年省內就發生了至少 29 起法輪功學員被迫害致死的案例，其中被迫害離世的法輪功學員包括曾經插播長春有線電視網向民眾傳播真相的梁振興，以及高智晟律師採訪過的孫淑香。至孫政才離任的 2012 年，據統計，吉林省各地的各種迫害程度有增無減。

此外，據「海外追查迫害法輪功國際組織」的通告指，重慶政府自 2015 年 7 月以來，對依法向最高檢察院、最高法院控告江澤民的法輪功學員進行各種迫害。據不完全統計，截至 2015 年 11 月底，先後有近百人被送至「洗腦班」強制洗腦；66 人被抄家、搶奪財物；50 多人被強行綁架到派出所或街道辦事處（鎮政府）限制人身自由；20 多人被拘留；數百人被入戶騷擾、強迫簽字或按手印。

《大紀元》曾在 2016 年 6 月盤點中共十八大後因迫害法輪

功而遭到報應的百名高官，從第一個國家級別的江派落馬高官薄熙來開始，至周永康、徐才厚、郭伯雄、令計劃、蘇榮、劉淇等，到現今的孫政才。他們在江澤民集團中位居高位，都是參與迫害法輪功的核心人員。

民間輿論顯示，儘管表面這些高官被以腐敗的名義落馬，但其結局都是因為迫害法輪功而遭到惡報。

薄熙來和背後江派的政變陰謀

薄熙來主政重慶期間，一心想讓自己與眾不同，從而達到「鶴立雞群」的效果，以躋身政治局常委，進而取代習近平。《新紀元》出版社在「中國大變動」系列叢書 013《薄熙來翻供真相》、008《薄熙來王立軍案被掩藏內幕》、003《薄谷開來案中奇案》中，詳細介紹了薄熙來作為江澤民、曾慶紅選中的接班人，積極準備政變，以推翻習近平。

2012 年 2 月，如果沒有王立軍的出逃，按照江澤民、曾慶紅、周永康的安排，薄熙來就會在十八大時進入中央政治局常委，接替周永康擔任政法委書記，進入十八大常委；等到了 2014 或 2015 年後，江派就會利用各種動亂，如昆明血案、天津大爆炸、股災等方式，破壞習的執政環境，最後在中共十九大前用薄熙來取代習近平。

薄熙來在落馬前，因其手上有「殘酷迫害法輪功的血債」而成為江派安排的「接班人」，因為鎮壓法輪功就是江澤民一個人武斷的決定。江派策劃在十八大先奪取政法委，然後再鞏固武警部隊的武裝力量、鞏固輿論、重慶模式的政治綱領等，待各方面

成熟後再廢黜和逮捕習近平，以繼續維持對法輪功和民眾的高壓控制。

這是江派的奪權政變陰謀，然而人算不如天算，王立軍走進了美國領館，成為薄熙來落馬的導火線，令江派想陰謀政變、推薄熙來上位的陰謀也徹底失敗了。2017 年習近平、王岐山公開表示，要把黨內的陰謀家、野心家拉下馬，其中，薄熙來、周永康、徐才厚、郭伯雄、令計劃這五虎的真正罪行，就是都參與了江派的政變陰謀。

總結來說，薄熙來落馬後，孫政才在執行江派的復仇計畫，替薄熙來報仇，目的就是想在將來推倒習近平。

重慶模式類似「土改」 殺人越貨

《新紀元》書籍介紹說，深諳共產黨整人伎倆的薄熙來，明白中共改革開放幾十年後積累的社會矛盾中最尖銳的就是貧富分化，一部分人先富起來了，但並沒有帶動更多人致富，反而中國的兩極分化在全球都是最嚴重的國家之一。於是薄熙來沿用中共在土改時「殺地主、分田地」的流氓手法，殺富濟貧，搞出了個「唱紅打黑」的「重慶模式」。

西方國家也是在效率和公平之間來回擺動。以美國為例，偏重經濟發展效率的共和黨，採取低稅收的方式鼓勵富人創業；而偏重貧富公平的民主黨，就會採取高稅收的方式，把富人的錢分一部分給窮人。全世界都是這樣循環往復的。中國在經歷 30 多年的改革開放後，強調的經濟效率，積累的大量的社會矛盾，這時就應該搞些左派提倡的公平。

當年薄熙來在重慶先是「唱紅」，搞了「將軍後人合唱團」，爭取中共老人、軍中江派勢力及毛左勢力的支持；同時通過「打黑」的名義，由王立軍出面組建了 200 多個專案組，將不聽他話的私營企業老闆、官場對手等，整成「黑社會」進行打擊，並抓住經濟問題來牽制對手。

這樣，600 多位民營企業家被薄熙來打成了「黑社會大佬」，其上千億人民幣的財產進了薄熙來的手中。

自由亞洲電台評論指出，「唱紅」就是用「唱紅歌」的方式把老百姓騙「傻」，傻得只認薄熙來為「老大」，確認薄上位接班的野心；「打黑」就是把不認同薄的人，主要是有錢人，打成文革式的「反革命」，再合法地掠奪他們的財產。而搶到手的「真金白銀」，一部分用於攏絡不知情的底層百姓，搞假「廉租房」，騙取愚民的支持；一部分用於獎勵和豢養公檢法等專政公員，再指使他們狠狠地鎮壓不滿的人，維護自己的統治；另一部分用於進京向腐敗的上級行賄，買官和賣官。

重慶新聞界的消息人士曾表示，薄熙來搞的「唱紅打黑」，實際上是一場地方性的紅色恐怖運動，是文革式的泯滅人性、親情和良知的一場人類大災難。重慶「打黑」也被外界認為是野心勃勃的薄熙來欲進軍中南海的一場政治鬧劇。

薄熙來曾經在其團隊中公開表示，他上台後，要殺 50 萬那種所謂的右派，也就是支持改革開放的人，包括溫家寶等人。這讓很多有產階層很害怕，他們擔心薄熙來一上來，他們的人頭就得落地。

薄熙來在唱紅打黑過程中，幾乎踐踏所有的司法程式，從意識形態上完全回到文革狀態。當時在江澤民、曾慶紅等江派人馬

的暗中操控下，全國很多人到重慶去學習，中央政治局常委都去了很多人，加上薄熙來暗中控制百度等搜尋引擎，強調所謂社會主義公有制的均貧富，欺騙了不少人，讓薄熙來確實成了全國左派的標竿和旗幟。薄熙來在打黑過程中也非常殘暴，短短一兩年就抓了 6000 多人，大部分是冤案，民營企業老闆的資產被沒收了 1000 多億。

在這個過程中，有些警察想按法律走，不聽他的話，薄熙來就以黑社會保護傘的名義抓了 2000 多名警察，其中很多是酷刑折磨，然後造成冤案逼供。因此還湧現出一批非常能酷刑折磨的酷吏，比如有一個小民警叫做熊峰，被王立軍稱為 50 年少見的警界奇才。為什麼呢？其殘酷、酷刑折磨非常心狠手辣，殺人不眨眼，被人稱為「萬州熊」，很快被提成了副隊長。

重慶模式是中共文革滅絕人性的血腥土改的翻版，文革的危害在《九評共產黨》中做了詳細介紹。薄熙來還利用太子黨陳元，從國開行借了數千億來製造虛假的重慶繁榮和所謂廉租房工程。這些做法早就讓重慶財政破產了，那些被安居工程所感動的百姓，一旦知道薄熙來把重慶搞破產了，他們也不會再被個人利益左右而成為力挺薄熙來的「薄粉」了。

2012 年 3 月 15 日薄熙來被抓後，江澤民、曾慶紅馬上活動，讓江派人馬張德江來接管重慶。張德江當時已經是副總理了，派這麼高職位的人到重慶來兼職，是因為江派想收拾、蓋住重慶這塊「紅寶地」。2012 年 11 月分，十八大張德江入常以後，不能再兼任，於是江派就把自己人吉林的孫政才給拿過來，目的一是蓋住薄熙來在重慶所做的一切黑事，二也是讓孫政才這個江派選中的接班人上位，當上重慶市委書記，就必定成為政治局委員。

　　孫政才到重慶後，藉口所謂的「不折騰」，基本延續了薄熙來路線，比如唱紅，孫政才組織了 600 多名幹警學習什麼「紅岩精神」，到紅岩那邊去。另外，當初王立軍被拿下去重慶市公安局局長以後，實際上是周永康跟江澤民兩人提議用何挺代替，就是讓他繼續在重慶待下去執行江派的路線，而何挺也是孫政才的同鄉好友。

　　由於孫政才繼續暗中推行重慶模式，這讓薄熙來政策的陰魂不散，不少人心裡還保留著未來薄熙來東山再起的幻想，有人還覺得薄熙來是被冤枉的，等習近平下台後，薄熙來可能還出來接著主事等等。這些思潮對習近平政壇構成了巨大威脅。所以王岐山指責孫政才「處理薄、王遺毒不力」，這不是工作態度上的小事，而是政治上擺放位置的大事。

第三節

孫政才是江派的接班人

在北戴河會議前夕、十九大高層人事戰敏感時刻，習、王突然拿下江派接班人選孫政才（右），相當於廢掉江派的底牌。（新紀元合成圖）

　　接近中南海的消息人士告訴《大紀元》，十八大之前，胡春華和孫政才代表的兩大派系就是當時最有勢力的兩大派系：團派和江派。孫政才是兩大派系平衡的產物。消息人士還指，孫政才「翻車」，不但是習本人在敲山震虎，而且是中共內部重大的權力重組。

　　2017 年 7 月 16 日，作者逍遙公在推特發文稱，「習雙規孫政才，點到了江派死穴」，原因是，孫政才當初是由江派推出的中共「接班人」。

　　逍遙公推文稱，當年孫政才在北京農林科學院任職常務副院長時，江澤民的妹妹江澤慧是中國林科院院長，江澤慧把孫推薦給江澤民。在江澤民派系栽培下，孫政才不斷獲得提拔重用。

　　當年十八大時，江系對接班人選擇有很大話語權。江派推舉孫政才。曾慶紅、賈慶林、劉淇是他的後台。當年在重慶拿下薄

熙來，換上孫政才是各方妥協的結果。

推文認為，習近平突然廢了孫政才，等於動搖了江派「未來的希望」。這個重要性比當初拿下周永康引起的影響和官場震動要大得多。因為周永康被宣布落馬時已經退休，而孫政才則是突然被免職，而且被認為是十九大入常紅人，又是江派推舉的接班人選。

《新紀元》周刊在541期（2017年7月27日出刊）引述時事評論員謝天奇的分析說，從孫政才的仕途軌跡可以發現，其江派色彩濃重。

孫政才自上世紀90年代開始一直在北京官場任職，2002年至2006年，任北京市委常委、祕書長，當時的北京書記為劉淇；2006年至2009年任農業部長；2009年至2012年任吉林省委書記；2012年11月後任重慶市委書記。

胡溫當政時期，遭遇江澤民干政及江派眾多常委的架空。期間，孫政才能不斷獲得提拔，並在江派關鍵窩點北京、吉林、重慶擔任要職，顯示其被江派長期栽培、重用。

早在2006年，北京消息稱，孫政才早已被中央及北京市主要領導賈慶林、劉淇著意培養，因為2002年任北京市委常委、祕書長的他已成為賈慶林、劉淇的心腹。

孫政才主政幾年的東北三省之一的吉林省，不僅經濟危機嚴重，也是迫害法輪功的重災區。之後孫政才主政重慶近五年期間，頗顯低調，重慶官場顯得異常平靜，「波瀾不驚」，與習近平、王岐山的「打虎」浪潮大相徑庭。薄熙來、王立軍的馬仔被庇護，重慶的「唱紅」、「黑打」等黑幕仍被掩蓋。

劉淇與王岐山激鬥 孫政才站在劉淇一邊

據孫政才簡歷介紹，2002 年，年僅 39 歲的他被提拔為中共北京市委常委，任市委祕書長兼市直機關工委書記，先後伺候過賈慶林、劉淇兩任市委書記。

任職祕書長的孫政才與市委書記劉淇共事四年，兩人關係相當密切。即使孫政才主政重慶期間，2015 年 12 月劉淇還到重慶調研，重慶官媒當時還報導稱孫政才一路陪同「老領導」。

現年 75 歲的劉淇是副國級級別，是中共前黨魁江澤民的心腹，在江澤民一手提拔下，1998 年出任北京市副市長，次年升任市長。2002 年中共十六大上，江點名讓劉淇接替賈慶林擔任北京市委書記、政治局委員。

2015 年 11 月，北京首虎落馬——市委副書記呂錫文因為涉嫌嚴重「違紀」被調查。隨後知名歷史學者章立凡指北京市委書記劉淇不但是呂錫文官路上的提攜者，而且曾經是王岐山的對頭，呂落馬或將延燒到劉淇身上。

2016 年 11 月 28 日，一名資深媒體人發布推特說，已確認中共前政治局委員、北京市委書記劉淇被中紀委內部調查。呂錫文落馬後，為求立功減刑，檢舉了劉淇在土地開發中牟利 140 多億。

時任北京市委書記的劉淇與時任北京市長的王岐山是公開的冤家對頭，雙方人馬曾爭鬥激烈。而當時的北京市委祕書長孫政才，站在了劉淇一邊。

2003 年，北京爆發薩斯（SARS，嚴重急性呼吸系統綜合症，中共稱非典）疫情並迅速蔓延，擔任總指揮的市委書記劉淇下令造假數字騙世衛組織。301 醫院著名醫生蔣彥永憤怒之下向外界

披露薩斯的嚴重疫情後，劉淇把責任推到剛擔任三個月市長的孟學農身上，導致孟「引咎辭職」。

時任海南省委書記王岐山，被火線調入北京，接替孟出任北京市市長。王岐山上任後做的第一件事就是確保死亡和發病人數得到準確報告。「一是一，二是二，軍中無戲言。」而劉淇力主對外封鎖疫情，以免影響「首都形象」。兩人意見不同，爆發矛盾。

緊接著又是北京奧運的籌備工作，據報兩人對於奧運的費用、建設等各方面的看法都相差甚遠。

據香港媒體早前的報導，劉淇打著籌備奧運為名，二年開支的「招待費」高達 2 億 2000 萬元，各項考察、交際總開支已達21.6 億人民幣，而籌備工作還有四年多。市長王岐山則在北京市九屆七次全會上公開要求北京市「節儉辦奧運」。

據報，劉淇為排擠王岐山，命人暗中向中共高層寄發舉報王岐山「罪證」的匿名、假名信700多封，堅決要把王岐山「搞掉」。王岐山也不甘示弱，亦發信向中共中央歷數劉淇的貪腐等罪行。王岐山還上告中紀委，自己住宅的電話和市長專用電話都被竊聽，時間已長達二年多。經有關部門查證，竊聽器是劉淇授意安裝。

當時王岐山和劉淇兩個人各有自己的人馬，兩組人雖在一棟樓裡工作，但老死不相往來。孫政才當時是劉淇的大祕。

據傳「當時北京市委內打成了一鍋爛粥，無法正常工作」。最後胡錦濤等被迫出席北京市委常委會議，責令劉淇做黨內檢查。直到中共十七大後，王岐山出任中共副總理，劉淇和王岐山這對冤家才算分開。

有評論指，身為北京市委祕書長的孫政才，扮演了劉淇攻擊王岐山的「幫凶」角色。

2012 年 7 月，孫政才主政的吉林省發生引起公憤的「長白山高官封山出遊事件」。孫政才的老領導、剛卸任北京市委書記不久的劉淇到長白山遊玩，吉林省為拍劉馬屁，在遊客高峰期封閉整座長白山，上萬名遊客被逼滯留景區外四、五個小時，引發抗議。

劉淇的車隊回程時，大批憤怒的遊客包圍車隊，投擲塑膠瓶，高喊「反對特權」，又與警察、武警發生推撞，更有遊客稱遭武警毆打。期間有人為防曝光迅速將北京車牌摘下，官員則躲在車裡不敢下車。最後由吉林省官員出面道歉，且安排遊客全部退票，事件才告平息。

2011 年前，孫政才的另一個老領導賈慶林視察吉林，時任吉林省委書記的孫政才也一直畢恭畢敬。

孫政才討好曾慶紅 給魯能順義新城

對一直從事農業研究的孫政才為何突然轉到北京從政，有不同說法。

人民網多年前的報導稱，1997 年，北京市決定派孫政才到郊區縣政府任副職，至於去哪個區縣，可以自己挑選。

報導稱，孫政才選中了順義縣，「順義縣的特點是農業基礎好，這可以好好發揮他的專業特長，而且順義縣的工業很多，工業發展在整個北京市的區縣中也很靠前。」雖然已過去數年，順義區政府一位工作人員對孫政才依然印象深刻。

美國之音引用網絡消息稱，是江澤民堂妹江澤慧最先看中孫政才，把孫推薦給江澤民後，孫不斷獲得提拔。也有消息稱，出生山東的孫政才早年結識時任中共組織部部長的山東老鄉張全景（1999 年，曾慶紅接替張全景任中組部組長）和曾慶紅的太太王鳳清，二者在孫政才的仕途中扮演了重要角色。

孫政才後來上調北京，在北京順義區主政期間，通過將北京順義的地皮低價批給曾慶紅的兒子曾偉，從而獲得曾慶紅的賞識。

一度遭曾慶紅兒子曾偉侵吞巨額財產的山東魯能集團，自2002 年起就在順義圈地，是最早進入順義的品牌房企之一，當時主政順義縣的正是孫政才。

資料顯示，魯能是倡導順義新城的開發商，先後開發優山美地、格拉斯小鎮、魯能 7 號院等高端地產項目。其中優山美地占地 1000 畝、格拉斯小鎮占地 3000 多畝。魯能不僅開發房地產，也參與市政基礎設施配套。時至今日，究竟是魯能成就了順義新城，還是順義新城成就了北京魯能，已是一個說不清的話題。

魯能集團和曾慶紅之間的關係，人所皆知。

孫政才此後仕途可用「平步青雲」來形容。孫在順義批出地皮給魯能的同年，成為了北京市委常委、北京市委祕書長，邁入省部級行列。孫也成為江派大員、北京市委書記賈慶林的大總管，成為北京政界的實權人物。之後賈慶林上調中央，江派的劉淇接替賈慶林，孫政才繼續做劉淇的大祕。

多個報導稱，賈慶林成為北京市委書記後，也把福建富商黃如論的生意帶到了北京。香港《東方日報》7 月 20 日的評論文章透露，孫政才曾為黃如論在北京地產發展項目「鞍前馬後」。福

建富商黃如論已經遭到調查，在 6 月 21 日被免去中共福建政協常委及撤銷其政協委員職務。

孫政才受到張德江的提攜重用

孫政才在曾慶紅、賈慶林、劉淇等江派主要成員的一路提攜下不斷高升。2009 年出任中共吉林省委書記。吉林是江派常委張德江為首的「吉林幫」的老巢。

《東方日報》稱，引發孫政才出局的關鍵問題，是其政治路線。孫政才的仕途從 39 歲跨入副部，就一直平步青雲。據說，孫進入政治局，成為重慶市委書記，是曾慶紅在幕後操作。

香港《爭鳴》雜誌 2017 年 7 月份的報導指，張德江與孫政才有兩層關係。孫政才是三農系的「希望之星」，而三農系的領導人物是張德江，張與孫均有任農業大省吉林省委書記的資歷，且是重慶的前後任書記。

2012 年，孫在中共十八大當選中共中央政治局委員。11 月，孫政才從吉林調到重慶任市委書記，張德江的建議起了重大作用，這裡面有吉林省幫派因素。

與劉雲山之子在吉林醫院的權錢交易

孫政才 2009 年 11 月由農業部空降吉林省時，媒體形容是「農業專家入主農業大省」。惟一些資料表明，在孫政才主政的整個期間，吉林省官方合作甚密的卻是金融業當時一支全國最大的人民幣產業基金。

　　近來在吉林省內又有多地的「中信長生腎病醫院」獲省衛計委核准設立。據稱，這家醫院是以連鎖型態在吉林全省範圍內建立血液透析中心和以透析中心為主的腎病醫院。目前有資料顯示，該醫院在長春市、遼源市、吉林市、德惠市、雙遼市、榆樹市、琿春市等地開設了 10 至 15 家的血透中心或醫院。

　　據時事評論員陳思敏調查，中信長生腎病醫院的母企業是「吉林省中信長生醫院運營管理有限公司」，但它也是一家子公司，其母公司是由中信集團、中信證券成立的中信產業投資基金管理有限公司（以下簡稱中信產業投資基金）。

　　吉林官方政務新聞曾介紹過中信產業投資基金「擁有著強大的股東背景」。而外界皆知，中信產業投資基金之所以傲視群雄，非因其 2008 年成立時規模最大、控股股東強大，而是這支基金的董事長兼 CEO 劉樂飛。劉樂飛之所以知名，是因為他的父親劉雲山是時任中宣部部長、現任政治局常委。

　　2010 年 4 月的新聞，吉林省委書記孫政才、省長王儒林與內蒙古自治區主席巴特爾舉行座談會，事由是積極推動吉林、內蒙古兩省共同發展，首要項目是交通設施建設合作，重點是共同構建中蒙國際鐵路。除了兩地官方，另一項目合作方即是中信產業投資基金。

　　2010 年 4 月，孫政才上任不到半年，一方面展開與內蒙古的深度合作，一方面引進中信產業投資基金參與吉蒙兩省重大合作項目。誰人不知，內蒙古是劉雲山的利益地盤，巴特爾是劉雲山家族在內蒙古利益的看門人，再加上中信產業投資基金劉樂飛是劉雲山的兒子，孫政才示好的目標人物太明顯了。

　　到了 2011 年，可以說是中信產業投資基金在吉林省的成熟

期，除了參與省屬市屬國企改制之外，更多是以商業地產介入省內各地的城建，如吉林市上海路城市綜合體開發專案等。2012 年時，就有不具名的時任省委官員對海外媒體透露，孫政才拚命將吉林一些項目輸送給劉樂飛，在孫政才親自干預下，中信產業基金在吉林省獲利頗豐。

按這名省委官員的說法，孫政才與劉樂飛顯然是權錢交易。孫政才圖什麼？看履歷的變化，孫政才在吉林省委書記任上的 2012 年 11 月 15 日「成功入局」，成為十八大政治局委員。僅這個因果關係，劉雲山與孫政才有權錢交易之嫌。

孫政才「成功入局」五天後的 2012 年 11 月 20 日，便接替張德江任重慶市委書記。不過五年到頭來終究是一場空。也許孫政才可以搶在王儒林之前，當個污點證人，把吉林時期與劉樂飛、劉雲山父子之間的骯髒交易和盤托出，據悉那可不是一筆小數目。

第二章

被掩蓋的
薄熙來政變密謀

王立軍事發後，2012 年 4 月 1 日一輛載有十多噸軍火的貨車被交警查扣。2011 年薄熙來已購大量軍火欲建立近衛軍伺機兵變。分析指薄心想京城有周永康、全國有幾十萬武警、重慶公安有一流裝備，再鼓動 14 集團軍造反，一舉可迫使習交權。

周永康（左）、薄熙來（右）是江澤民發動政變的主要核心人物。（大紀元合成圖）

第一節

網傳捲入政變的 89 人名單

　　2012 年 10 月，就在 9 月 28 日薄熙來被開除黨籍和公職不久，由於新華社通稿點明「薄熙來涉嫌其他犯罪問題線索」，間接隱藏了薄熙來可能因為政變而被懲罰。於是，網路上熱傳一份「薄熙來謀反集團參與者名單」。

　　不過，由於無法考證名單的真實性，人們只能拿來做個參考，有分析稱，這份名單冊可能來自民間整理，不是十分準確，因為有些薄熙來、周永康政變內圈的人，比如先前媒體少報導的中共副總理回良玉、前統戰部長杜青林等不在此名單冊中。

　　以下是泛華網自消息人士及社會各界收集到的涉嫌參與者的名單。

　　薄熙來：時任政治局委員、重慶市委書記；將出任總書記、國家主席、軍委主席。

　　1. 周永康：時任政治局常委、中央政法委書記。被判處無期

徒刑。

2. 王立軍：時任重慶副市長、重慶公安局長；將出任政治局常委、中央政法委書記；現被判處 15 年徒刑。

3. 劉源（劉少奇子）：時任總後勤部政委、解放軍上將；將出任政治局委員、軍委常務副主席。

4. 張海陽（張震子）：原成都軍區政委；時任二炮政委、解放軍上將；將出任政治局委員、軍委副主席。

5. 馬曉天：時任解放軍副總參謀長、解放軍上將；將出任軍委委員、總參謀長。

6. 薄谷開來（薄熙來妻）：現被判處死刑緩刑。

7. 劉淇：原中共北京市委書記、北京市市長；時任政治局委員。

8. 阮志柏：時任成都軍區副司令員、解放軍中將；現已自殺。

9. 朱和平（朱德孫）：時任重慶警備區司令、解放軍少將；已被調查。

10. 周小周：原第 14 集團軍軍長；時任成都軍區參謀長、解放軍少將。

11. 徐明：時任大連實德董事長；已死亡。

12. 馬彪：時任華匯人壽董事局主席；已被調查。

13. 于俊世：原總參二部情報員；已被調查。

14. 邢元敏：時任重慶市政協主席。

15. 夏德仁：原大連市委書記；時任遼寧省委副書記。

16. 郭廷標：原遼寧省常務副省長、遼寧省人大副主任，時任省政協主席。

17. 魯昕：原遼寧省副省長；時任教育部副部長。

18. 徐鳴：時任重慶市委常委、重慶市兩江新區黨工委書記、管委會主任；已被調查。

19. 車克明：時任大連國安局書記、局長；現正在被調查。

20. 吳文康：時任重慶市委副祕書長、辦公廳主任；現正在被調查。

21. 關海祥：時任重慶公安局黨委書記；現任統戰部副部長。

22. 徐海榮：現任重慶市監察局局長。

23. 李健銘：現任重慶沙坪壩區委書記。

24. 郭維國：時任重慶公安局副局長；現被判處十一年徒刑。

25. 李陽：時任重慶公安局刑偵總隊總隊長；現被判處七年徒刑。

26. 王鵬飛：時任重慶渝北區公安分局局長；現被判處五年徒刑。

27. 王智：時任重慶沙坪壩區公安分局常務副局長；現被判處五年徒刑。

28. 劉克勤：時任重慶市沙坪壩公安分局副局長。

29. 黃定良：時任重慶市沙坪壩區公安分局政委、091專案組組長。

30. 戴玉林：原大連副市長、現任丹東市委書記。

31. 薄瓜瓜（薄熙來子）：負責洗錢及協調海外媒體。

32. 于力（司馬南）：現為時事評論員；將出任中宣部長。

33. 孔慶東：現任北京大學教授；將出任教育部長。

34. 張宏良：現任中央民族大學教授；將在中央擔任重要職務。

35. 吳丹紅（吳法天）：現任中國政法大學副教授；將出任中央政法委委員。

36. 力踐（李鐵映子）：現任「金生房地產公司」董事長。

37. 梅寧華：原《北京日報》社黨組書記兼社長；時為黨組副書記。

38. 張曉軍：原重慶市委辦公廳公務員；現被判處九年徒刑。

39. 劉長樂：現任鳳凰衛視董事局主席兼行政總裁。

40. 方是民（方舟子）：時任互動百科首席科學顧問。

41. 李彥宏：現任百度總裁。

42. 方濱興：現任中國科學院信息工程研究所學術委員會主任。

43. 趙本山：現為演員；將出任文化部部長。

44. 李希光：現任清華大學教授。

45. 紀寶成：原任中國人民大學校長。

46. 魏鑫：時任重慶市沙坪壩區公安分局 091 專案組警官。

47. 王浦：時任重慶市沙坪壩區公安分局 091 專案組警官。

48. 熊峰：時任重慶市沙坪壩區公安分局 091 專案組警官。

49. 關峰：時任重慶市沙坪壩區公安分局 091 專案組警官。

50. 王仁昌：現為作家。

51. 韓德強：現任北京航空航太大學副教授、烏有之鄉網站創辦者之一。

52. 田立為：現任重慶大學教授。

53. 陽和平（陽早、春寒子）：現任對外經貿大學教授。

54. 高一飛：現任西南政法大學教授。

55. 龔獻田：現任北京大學法學院教授。

56. 范景剛：烏有之鄉負責人。

57. 崔之元：現任清華大學教授。

58. 王紹光：現任清華大學教授。

59. 王文：現任《環球時報》的編輯。

60. 孫錫良：現為時事評論員。

61. 譚偉東：現任南京財經大學教授。

62. 張頤武：現任北京大學教授。

63. 王兆山：現為作家。

64. 萬松生（摩羅）：現為作家。

65. 宋曉軍：現任廣東大晉對接信息科技有限公司總經理。

以下名單涉嫌外圍參與薄熙來政變人員。

66. 劉雲山：現任政治局委員、中宣部部長；將出任政治局常委。

67. 黃奇帆：現任重慶市委副書記、重慶市長；將出任政治局常委、國務院總理。

68. 梁光烈：時任軍委委員、國防部長、解放軍上將；將出任政治局委員、軍委副主席。

69. 徐才厚：時任政治局委員、軍委副主席、解放軍上將。已病亡。

70. 吳勝利：現任軍委委員、海軍司令員、解放軍上將。

71. 蔡武：時任中宣部副部長、文化部黨委書記、部長。

72. 李從軍：時任新華社社長、黨組書記。

73. 王曉暉：時任中宣部副部長。

74. 苟天林：時任光明日報社總編輯。

75. 王庚年：時任中國國際廣播電台台長。

76. 韋建樺：時任中央編譯局局長。

77. 伍紹祖：原國家體育總局局長、中央直屬機關工委副書記；

現已病逝。

78. 朱永芃：時任國電集團公司總經理、黨組副書記。

79. 喬保平：時任國電集團黨組書記、副總經理。

80. 劉樂飛（劉雲山子）：時任中信產業基金董事長兼CEO。

81. 陳祖芬：現為作家。

82. 姜志：時任百度重慶分公司經理。

以下人士涉嫌一度參與薄熙來、周永康政變集團，但因為各種原因在後期退出。

83. 徐永耀：曾任薄一波祕書、國家安全部部長。

84. 田鳳山：曾任國土資源部部長；2005 年被判處無期徒刑。

85. 王益：曾任證監會的副主席、國家開發銀行副行長；2010 年被判處死刑緩刑。

86. 索長有：曾任哈爾濱市委書記、哈爾濱市市長。

87. 岳玉泉：曾任哈爾濱副市長；2007 年自殺。

88. 馬向東：曾任瀋陽市副市長；2001 年被處死。

89. 錢棣華：曾任大慶市長；2000 年被判處十年徒刑。

第二節

薄案波及其弟薄熙成醜聞大起底

薄熙成（左）的外貌在其幾位兄弟中跟薄熙來（右）最為相像，而且跟薄熙來一樣妒嫉心強、器量小。（資料圖片）

薄家兄弟各自貪污斂財

2012 年 11 月網上就流傳薄熙來案波及其家族，傳其弟薄熙成被調查。有關薄熙成各種醜聞流傳甚廣，其年輕時就毀了中科院的經濟才子翁永曦，並將北京旅遊局局長送進大牢，利用旅遊局旗下飯店改制撈錢；藉薄熙來名義，在大連、重慶經商斂財等。

2012 年 3 月 15 日，薄熙來被免去重慶市委書記的職務，薄熙成出現於公眾視線，曾發出短信給政界朋友稱：「薄熙來案已經被中央坐實，大家各自保重，不必再努力。」

薄熙成 1951 年生，在薄家兄妹中排行第六。2012 年薄熙成任中國扶貧開發協會副會長，北京六合興科貿有限公司董事長、北京六合興飯店管理有限公司董事長、北京興大助學基金會理事

長。薄熙成是薄一波與第二任妻子胡明所生的第三子、大哥薄熙永、二哥薄熙來、四弟薄熙寧。大姐薄熙瑩則是薄一波與第一任妻子所生。

薄熙成的樣子與氣質在其幾位兄弟中跟薄熙來最為相像，而且跟薄熙來一樣妒嫉心強、器量小。

據《臉譜》雜誌報導，薄熙成「染指」北京旅遊局下屬的國有酒店改制，以很低的代價獲取了不少酒店的控制權，其中不少酒店上市後，又為其帶來可觀利潤，也成為薄熙成下海經商的第一桶金。

薄熙成還利用薄熙來關係，在大連重慶經商。國有企業大連顯像管廠在 1993 年改制為大連大顯股份有限公司，1996 年在上海證券交易所掛牌上市，過程中薄熙成已持有該公司近 100 萬股的股權，市值 120 萬美元。

《紐約時報》報導，薄熙來在落馬前的幾個星期，揮毫稱讚重慶水利資源管理公司，支持該公司的運作。但他沒說的是，他弟弟薄熙成已經取得了這家水公司的子公司股權。

薄熙來的七弟薄熙寧自薄熙來主政重慶以來，往返北京和重慶之間，大肆斂財，包括買官賣官。薄熙寧財富堆滿北京北郊八仙別墅。

網路上早就有薄熙來曾讓王立軍將政府採購 50 萬個監控探頭和設備的項目全盤交給他的弟弟薄熙寧負責的傳聞。每個成本價格在 280 元至 450 元之間的攝像頭，薄熙寧卻按照每個 1850 元至 2850 元的價格賣給重慶市公安局。短短幾年，他個人財產飛速增加了六個億！

自 2003 年起，薄熙來的哥哥薄熙永用假名「李學明」擔任

中國光大控股執行董事、副總經理職務，年薪 170 萬美元，其持有公司約 1000 萬股份。《紐約時報》曾報導，薄熙永在一家國營集團的股份上搜刮了數百萬美元。薄熙來事件後薄熙永身份曝光，被迫辭去在中國光大的職務。

薄熙成妒嫉成性 毀人前程

1980 年代初期，北京有四位年輕經濟學者：翁永曦、朱嘉明、黃江南和王岐山，在社科院工業經濟研究所讀碩士研究生時，因上書中共中央書記處痛陳中國經濟的結構問題，得到重視。被胡耀邦叫去專門培訓書記處的中央領導兩小時。

當他們 1981 年畢業後，都先後受到重用。特別是翁永曦，被直接安排到中央書記處農村政策研究室當副主任，官拜副部級。

當時薄熙成只是中國社會科學院工業經濟研究所的辦事員，妒嫉成性，看不得翁一步登天。他在 1976 年的《人民日報》上發現了翁永曦批判鄧小平的文章，就將文章直接送給鄧小平看。鄧小平勃然大怒，就算胡耀邦和趙紫陽力保，翁還是被下放到地方擔任縣委副書記，自此前程就被薄熙成毀了。

80 年代中期，在旅遊局任職的薄熙成找劉源在北京一起投資建立「白孔雀」公司，由薄熙成管理。後北京旅遊局長揭發該公司有重大貪污，公安局調查後，處理了該公司的副總經理，而薄熙成靠其老爹毫髮無損。

對此薄熙成懷恨在心，伺機報復。他到處收集旅遊局長的所謂證據，後告該局長收受禮品不上繳，將其送進監獄。

據《臉譜》雜誌介紹，1985 年北京市要提拔薄熙成做北京市

旅遊局局長，遭到了時任北京市人大常委會委員的劉紹棠反對。據其兒子劉松蘿回憶，當時其父提出薄熙成不適任的三點理由：第一，他因為對原單位出現的事故負有領導責任，還身背處分；第二，他不會外語，也不懂外事工作；第三，旅遊局有很多有經驗、有能力的幹部，完全能夠勝任局長工作。

因此薄熙成的任命第一次沒有通過。後來市領導出來做工作，劉紹棠逆不過形勢，只好和一些人一起缺席第二次會議。任命終於通過了。

90 年代中共中央機關充斥幹部子弟，江澤民為平衡提出每個中共元老家庭只可以有一個子女做到副部級或以上。因此薄熙成給已任大連市長的二哥薄熙來讓步，不做旅遊局長而下海經商。

第三節

薄熙來曾圖謀兵變
被胡識破釘死

周薄政變計畫曾露馬腳 中央早起戒心

2012 年 2 月 6 日夜，王立軍喬裝女人進入駐成都美國領事館，引爆中共政治海嘯。在中共兩會剛結束後，令計劃就動用中共中央警衛局的兵力將薄熙來抓捕，3 月 15 日中共宣布免去薄熙來重慶市委書記的職務，10 月 26 日由中共最高檢立案調查，薄案正式進入司法程式。

作為薄熙來的大後台、政變計畫參與者周永康，時任政法委書記、政治局常委，權傾一時。周當時有調動警察和武警部隊的權力，而武警也是周薄政變計畫中所倚重的重要武裝力量，加上薄熙來在軍中拉攏的力量，到王立軍事件發生前，周薄集團對中共中央政府已構成了空前的威脅。

2011 年 11 月，薄熙來趁胡錦濤到美國夏威夷參加 APEC 峰

會期間，聯合成都軍區搞了一次軍事演習——「成都軍區國動委第六次全會實兵演練」，參加觀摩的人除了薄熙來，還有中共國防部長梁光烈，成都軍區司令員李世明、政委田修思、副政委劉長銀等。

早在 2009 年的時候，原成都軍區政委、上將張海陽被平調到二炮任政委，其職務由田修思接任。張海陽與薄熙來同屬太子黨，關係密切，兩家又是世交，二人都認為胡溫與習近平軟弱且執政不力，認為中共的紅色江山應由他們來繼承。有分析指，這是由於胡溫對薄熙來和成都軍區早有懷疑，故而將薄的死黨張海陽調走。

傳薄熙來欲建私人武裝 被一車軍火揭底

湖北《恩施晚報》2012 年 4 月 5 日報導，4 月 1 日 23 時許，滬渝高速利川大隊交警，在一輛紅色普通貨車上查獲 236 箱、1萬 2033 發殺傷爆破彈和穿甲彈，合計 10 多噸。司機稱不知道裝的是什麼，原計畫將這批貨物從重慶運往吉林省。

4 月 15 日《南華早報》引述來自成都的消息說：「五個調查小組已經到達成都軍區，並檢查是否以及到什麼程度、哪些軍頭和部隊捲入薄熙來事件。」

5 月 13 日，張海陽的心腹成都軍區副司令阮志柏突然死在北京，中共官方稱阮志柏因病救治無效死亡。但前香港《文彙報》駐大連記者姜維平爆料稱，62 歲的阮志柏是自殺身亡。

同時有消息說，阮志柏深涉周薄政變計畫，並與被交警查扣的 10 多噸軍火也有瓜葛。消息稱，2012 年 3 月 9 日，薄熙來在

京開兩會期間，私自搭乘徐明的飛機回重慶策動兵變，就是阮志柏到機場接應的，他們隨後密謀一旦出事的應急預案。

此前有北京消息人士披露，2011 年薄熙來通過王立軍以重慶市公安局名義，向重慶兵工廠買了大量軍火及武器，準備建立一支武裝力量——薄家「近衛軍」，而到薄熙來下台後，這些武器全部下落不明。4 月 1 日被查處的 10 多噸軍火是否與薄熙來有關，外界無從知曉。

胡錦濤釘死周薄兵變計畫

薄熙來不但與成都軍區的關係糾葛不清，在重慶市周邊駐防的武警部隊 41 師和 38 師以及駐雲南的 14 軍也與薄家有著千絲萬縷的聯繫。

王立軍事件剛剛爆發的第三天 2 月 8 日，薄熙來帶領重慶市黨政代表們去雲南滇池餵鳥，並到其父薄一波曾參與創立、指揮過的駐雲南 14 軍總部「緬懷先烈」，當時被外界認為薄熙來有挾 14 軍威脅中共中央之意。

2 月 17 日，胡錦濤突然將原駐守湖南耒陽、隸屬中共中央軍委直接指揮的武警機動 126 師約 1500 人，派進重慶布防，嚴密監控重慶黨軍政各屆的動靜。

武警第 126 機動師也被認為是一顆釘子，將薄熙來看死在重慶，同時，也將周薄政變計畫中最重要的一環、其倚重的重慶地區的軍事力量釘死，在關鍵時期較大程度遏制住了周薄發動兵變的可能。

胡親信張陽遙控武警 126 師

武警第 126 師，主要職責是在緊急狀態時執行治安維穩、後備隊等任務。其前身是第四野戰軍第 42 軍 126 師，原隸屬廣州軍區。126 師下轄四個團，其中兩個團駐守廣州，另兩個團駐守湖南。但因為與 42 軍的關係，126 師仍然被認為是 42 軍的嫡系部隊，126 師長華榮林與廣東軍政官員也來往頻繁。

2012 年 6 月 5 日，時任廣州軍區政委張陽在黨媒《人民日報》上發表一篇隱喻頗深的文章。文中除了向胡錦濤表忠心外，還寫道：「解放軍在執行非戰爭軍事行動任務時，要一切行動聽黨中央、中央軍委指揮，防止被別有用心的人利用，防止盲目行動而授人以柄、激化矛盾。」

對此有一種解讀為，126 師進駐重慶的最初目的是防止薄熙來發動兵變；而當薄熙來被拿下之後，中共中央軍委又利用了廣州軍區和 126 師之間的關係，通過張陽向 126 師的武警喊話，防止薄熙來的餘黨和周永康與江派勢力在重慶發生突變。

姜維平分析指，薄熙來的想法是，京城有周永康支持，全國有幾十萬武警和警察，重慶公安又有一流的裝備，說不定抓住成都軍區，互相呼應，一舉可以迫使胡、習讓位，圓了「皇帝夢」。

第四節

14 軍長人事調動
終結薄策反「餘震」

周小周被調 13 軍饒開勛調任 14 軍軍長

薄熙來事件以來，與薄熙來家族淵源很深的成都軍區軍頭就一直處於事件的風口浪尖。原太子黨出身的中共 14 軍軍長周小周自 2012 年 7 月調任成都軍區參謀長後，14 軍的軍長一直呈空缺狀態，政委仍是黃集驤。

直到 11 月，讓一直仕途不佳的 13 軍軍頭們感到意外的是，13 軍參謀長饒開勛被調任 14 軍軍長。外界認為，這標誌著薄熙來計畫策反 14 軍的「餘震」最終結束。

周小周跟薄熙來一樣屬太子黨，其父周衣冰為中共陸軍中將，原北京軍區司令。2007 年 5 月，周小周任解放軍陸軍第 14 集團軍軍長。

饒開勛，2005 年 12 月任中共陸軍第 13 集團軍步兵第 149 師

師長。2010 年 5 月任 13 軍參謀長。2012 年 11 月任成都軍區第
14 集團軍軍長。

第 13 集團軍軍部的內部人士對《大紀元》記者透露，重慶
第 13 集團軍部隊編號為 56005，現在代號 77100 部隊，第一任軍
長周希漢曾經是薄一波手下。薄一波在國共戰爭中任中共華北軍
區政委，中共竊國後任副總理、中顧委常務副主任等職，其在成
都軍區中關係盤根錯節。

另據軍中人士透露，13 軍第二任軍長陳康，資格老脾氣大，
抗戰時期受冷落，後被劉伯承起用，但在 13 軍任軍長和上司秦
司令不和，關係甚僵，後由於文革與派系有染，又被出山後的老
上級鄧小平「修理」。就這樣，從陳賡、謝富治、周希漢、再到
陳康，以及受他們影響下的 13 軍，對鄧小平都有怨言。以至於
1978 年鄧出山後說：「13 軍班子太黑，不可重用。」

於是 13 軍在成都軍區的領導基本全「靠邊站」。現在的 13
軍和 14 軍是目前成都軍區的主體部隊，一個駐重慶，一個駐昆
明，部隊幹部是「你中有我，我中有你」，相互交流，但 14 軍
的人脈要強於 13 軍。

外界分析，由於受此次薄熙來事件的影響，胡錦濤反其道而
行之，五個月後終於決定從 13 軍拉參謀長過來做 14 軍的頭，而
不怕軍內鬧翻，說明裡面有說不出口的苦衷。

薄熙來計畫策反 14 軍

第 14 集團軍由薄一波創建，現歸屬成都軍區，軍部駐地為
雲南省昆明市，前身是抗日戰爭時的山西新軍，後編入太岳兵團。

中共建政後，第 14 軍一直駐守雲南，1979 年參加中越戰爭，為西線主力部隊；1984 年，第 40 師發動老山戰役並占領老山、者陰山；1985 年更名為第 14 集團軍。

2012 年 2 月，就在薄熙來擅自派重慶軍警前往成都美國領事館抓王立軍、造成「警變」，令中共高層憤怒和難堪之時，特別怪異的是，重慶出了這麼大的事，王立軍事件的關鍵人物薄熙來卻有心情在雲南昆明滇池餵鳥。

《大紀元》最早報導，據前 13 軍軍部內部人士分析，第 14 集團軍是薄一波過去的地盤，估計薄熙來覺得重慶都不保險，到鐵桿軍隊去尋求保護；也可能在避風頭的同時靜觀其變。

14 集團軍第一任司令員李成芳在陳賡任太岳縱隊兼太岳軍區司令員、薄一波任政治委員時是參謀長，文革時被看作薄一波的死黨而受批判，薄一波對他有救命之恩。

該人士分析，在重慶時，薄熙來就不放心地方，放著上好的市政府大院不住，一直住在靠近長江邊荒涼的軍隊營地裡，可見其性格特點。如果胡溫真的要動他，薄熙來很可能鋌而走險，很可能會像當年的吳三桂一樣，作亂西南，另立政權。

他表示，當年大軍區合併，鄧小平恰恰裁掉昆明軍區，14 集團軍被降級為二類軍，怨言很多，薄熙來很有可能想鼓動 14 集團軍造反。但 14 集團軍是否會為了薄熙來鋌而走險，希望不大。但薄熙來確實有謀反的想法，王立軍也透露：「薄熙來是野心家，想成中共第一人。」

2012 年 2 月 15 日，資深媒體人戈茨（Bill Gertz）在華盛頓自由燈塔發表的報導援引美國官員的話說，王立軍向美國方面提供了中共高層腐敗的材料，其中包括薄熙來的材料。一名官員說，

材料涉及政治局常委周永康，還有薄熙來這些強硬派如何想整垮習近平，不讓他順利接班。

據北京消息人士稱，薄與周擬定了一個完整的攻擊習近平的計畫，該計畫在中國新年後實施。計畫是通過海外媒體釋放出對習近平的各種指責和批判，削弱習近平的權力，然後幫助薄熙來接任政法委書記。薄熙來掌握武警、公安系統後，時機許可時，強迫習近平交權。

2012 年 3 月兩會後，薄熙來被內控。此後，中共軍方掀起了向胡錦濤表忠心的效忠運動，涉嫌參與挺薄的軍頭仕途皆受到不同程度的影響。

外界有分析認為，周小周高升成都軍區參謀長，也是胡錦濤為了對外界營造出軍隊「和諧、團結」的氛圍，盡力沖淡薄熙來試圖政變的負面影響。

第三章

官方沒敢公布的薄熙來罪行

江澤民是薄熙來生命中最關鍵的人物，1999 年是薄熙來命運的重要轉折點，雖然他找到似乎能通往中國權力頂層的管道，但也成為徹底墮落深淵的開端，之後一發不可收拾，犯下中共官方不敢公布的罪行……

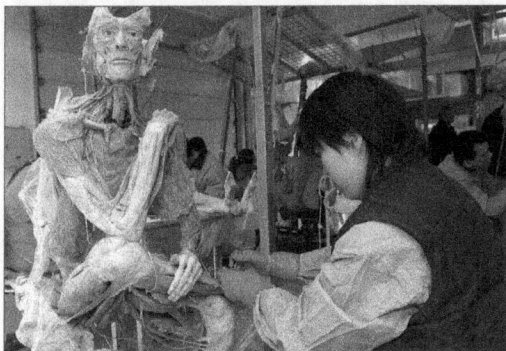

全球最大屍體標本加工廠在中國。1999 年 8 月，中國第一家屍體加工廠，在薄熙來親自點頭下被大連政府批准成立。（Getty Images）

第一節

薄家與江澤民關係不一般

1995 年薄一波隱瞞江澤民的罪行，條件是江要不斷提拔其子薄熙來。圖為 2007 年 1 月薄熙來在薄一波靈堂前，後有江澤民致意花藍。（Getty Images）

薄谷大連撈錢 初識海伍德

1995 年薄熙來的妻子薄谷開來開辦了開來（後改名昂道）律師事務所，凡是想到大連投資的企業，都得按照「潛規則」，聘請開來律師事務所的律師為其諮詢律師，每年上繳幾十萬到幾百萬的諮詢費，只有這樣才能通過薄市長「辦成」自己的事業。

據知情人透露，薄、谷二人通過這種權錢交易，每年收入在一億人民幣以上。

在這段時間裡，薄熙來夫婦倆認識了來大連淘金的英國人尼爾·海伍德。

海伍德不但幫他們的兒子薄瓜瓜輔導英文，還著手幫他們把大連貪腐的錢財轉移到海外洗白。

薄家與江澤民的特殊關係

不過，那時薄熙來的仕途卻不甚如意。讓薄熙來失望的是，無論他如何討好巴結中共中央領導，如何在大連種植綠草、大搞城市建設，他和妻子如何人為地製造新聞效應，他卻沒能如願當上中共第15屆中央委員，而且也沒有被進一步提升到省委，他還只是一個受某些人「欺負」的小小市長。

此前薄熙來還專門從北京請來報告文學高手，寫下十多萬字的《世界上什麼事最開心》，為他宣傳造勢，但還是以支持票為零票的紀錄落選十五大。

中共官場的提升，很多時候並不取決於候選人的才幹，而是取決於中央領導、特別是最高領導的個人好惡與其私交。比如說江澤民的晉升，就是鄧小平等幾個大老的一句話，無德無能的江就坐上了中共的最高權力寶座。

1989年學生「六四」運動初期，時任上海市委書記的江澤民，因為率先查封了敢於講真話的《21世紀經濟導報》，而被鄧小平當成是跟他一樣的強硬派，於是欽點江進京，取代了不願向學生開槍的趙紫陽。據海內外很多學者調查，江澤民具有「二奸（日本漢奸、俄羅斯間諜）二假（假烈士後代、假地下黨員）」等嚴重身份問題。

令薄熙來特別沮喪的是，按理說，他和江澤民的私人關係已經非常特殊了。據海外媒體報導，1995年春，鄧小平收到北京市委書記陳希同為首的七個省級幹部舉報江澤民的信，鄧把信交給了薄一波處理，而薄卻把信拿給江看。江看後嚇得渾身大汗淋漓、面如死灰。當時只要薄一波一句話，江澤民的政治生命就會徹底

結束。

　　但奸詐的薄一波一心想扶持兒子薄熙來，於是他和江澤民做了個交易：薄一波隱瞞江澤民的罪行，但江答應不斷提攜薄熙來。於是才有了薄熙來下放金縣，哪怕差點被當地幹部趕走，但他還是被提拔到了大連市長的實權位置。

　　到了 1999 年春，薄熙來更是心灰意冷了：無論他如何「拚命建設好大連」，如何全心全意地「孝敬」江澤民等中南海大老，他的官位還是沒有得到提升。不當更大的官就沒有更大的權力，也就無法撈取更多的錢財，也就無法實現自己的「遠大理想」。那時的薄熙來很苦悶。

　　不過很快「時來運轉」，他找到了升官的「捷徑」。

江澤民鎮壓法輪功的原因

　　1999 年 7 月 20 日，江澤民不顧中共中央政治局常委其他所有人的反對，一意孤行發動了對法輪功的鎮壓，從此，中國上億法輪功修煉者的信仰自由這一基本人權被江澤民剝奪了。

　　法輪功是 1992 年 5 月 13 日李洪志先生從吉林長春傳出，是一種教人按照「真、善、忍」來提高自己的修煉功法，通過五套簡單的動作，能迅速讓人淨化身體和心靈。據北京、廣州等地醫務工作者實地調查顯示，法輪功祛病健身效率高達 98% 以上，人們學煉法輪功後，成為了社會上的好人，好人中的好人。

　　據知情人士透露，江澤民鎮壓法輪功的決定從一開始就受到中央政治局六個常委全部反對。朱鎔基、李瑞環認為，對於一種「氣功」完全沒有必要大動干戈，更沒必要搞成另一場群眾運動。

江還在自己的家裡遇到了反對，因為當時他的妻子王冶坪、孫子江志成都煉法輪功。但江澤民的理由是，在共產黨控制下的中國，不能容忍一個不受共產黨控制的組織發展到人數比共產黨員還多的規模，江澤民恐懼和擔心：「終有一天，法輪功取代共產黨。」

當時李瑞環說：「你這種擔心是不是你自己高抬了氣功？」朱鎔基還引用調查數據說：「法輪功能祛病健身，為國家節約了很多醫藥費，煉的人很多是中老年人和婦女，他們想煉就煉唄。」哪知江一聽，馬上像蛤蟆一樣跳起來，又喊又叫地咆哮道：「糊塗！糊塗！糊塗！亡黨亡國啊！」「滅掉！滅掉！堅決滅掉！」

為了讓其他政治局六個常委同意他鎮壓，江澤民還讓曾慶紅命令在紐約的特工送回一份假情報，謊稱：法輪功得到美國中情局每年數千萬的資助，法輪功有海外背景等。於是就在 1999 年 4 月 25 日法輪功萬人上訪的當天晚上，江澤民向上億法輪功群眾舉起了屠刀。

靠「六四」血跡爬上來的江澤民，無才無德，自己都知道很多人不服他，於是他想學趙高，用「指鹿為馬」的方式，發動一場疾風暴雨式的、類似文革大批判那樣的政治運動，強迫其他人都服從於他，這樣他才能建立起所謂「江核心」的權威。

江澤民早在 1996 年就讀過《轉法輪》（法輪功的主要著作），江知道法輪功教人「真、善、忍」、教人做好人。這樣的好人在江的眼裡就是「最好欺負的人」，他們「打不還手、罵不還口」，用欺負法輪功來建立自己的威望，這就是江最初的算盤。

第二節

江許諾薄：
鎮壓法輪功才能升官

據中共公安部內部在 1998 年底的調查
顯示，當時法輪功學員有 7000 萬，超
過當時中共黨員人數的 6400 多萬，
令江澤民妒嫉不已，悍然鎮壓。圖
為 1996 年武漢法輪功學員集體煉功。
（明慧網）

　　江澤民不懂得信仰的力量，他最初安排「三個月消滅法輪
功」，但鎮壓一開始就受到全中國各地包括政府官員和民眾的抵
制，因為人們普遍知道法輪功是好的。

　　當時中國大陸的法輪功修煉者超過一億人，儘管中共對外
宣稱是 200 多萬，但公安部內部在 1998 年底的調查報告顯示是
7000 萬，超過當時中共黨員人數的 6400 多萬，這就是江澤民說
的「法輪功在和中共爭奪群眾」。

　　1998 年底，中共人大常委會前委員長喬石組織了一個調查，
他將調查結果轉交給了江澤民，其結論是：法輪功對任何團體、
個人和社會都「有百利而無一害」。好人越多，不是越有利社會，
越有利於當權者的統治嗎？

　　1999 年 7 月 20 日中共宣布取締法輪功之後，全中國各地的

法輪功學員到北京上訪。由於中共搞株連政策，一旦查明這個法輪功學員是某個城市、某個單位的職工，不但這個上訪學員會被關進派出所或勞教所，其單位領導、所在派出所的警察都要受到懲罰。

為了不牽連其他人，很多善良的法輪功學員拒絕上報自己的姓名和地址，當時到北京上訪的法輪功學員非常多，北京附近的派出所、勞教所和監獄都裝不下了，而且東北三省修煉法輪功的人數最多。

為了推行其迫害政策，同時解決關押法輪功學員的具體問題，1999 年 8 月 10 日至 15 日，江澤民藉開會之機來到了遼寧。此前江澤民很少「巡視」東北。官方報導稱是要在瀋陽召開「東北和華北地區八省市國有企業改革座談會」，但江澤民還有個不願告訴任何人的目的：為他個人發動的迫害法輪功政策找到積極執行、配合的地方官員。

而此時的薄熙來，正想討得江澤民的歡喜，只要江澤民答應提拔他，讓他幹什麼他都願意。薄熙來不但違背中共中央規定，在大連市中心廣場豎立起江澤民的巨幅照片討好喜愛虛榮的江，同時在鎮壓法輪功方面對江做下了最積極的回應。

據薄熙來最信任的司機王某某披露，江澤民非常明確地對薄熙來表示：「你對待法輪功應表現強硬，才能有上升的資本。」當薄谷開來聽說這事時，馬上給薄熙來出主意，大連只有在鎮壓法輪功方面「脫穎而出」，薄熙來才能「鶴立雞群」，獲得晉升的機會。

認識薄谷開來的人都說，這位北大的政治學碩士，非常精明能幹，而且非常具有政治眼光。她深謀遠慮、行事果決，常被人

稱為「中國的傑奎琳‧甘迺迪」、「大連的江青」，後來薄熙來在重慶搞的唱紅打黑，據說就是薄谷開來的主意。

於是，薄熙來馬上加大力度鎮壓大連的法輪功學員，與此同時，在江澤民的批示撥款下，薄熙來擴建了很多監獄，全中國各地無處遣送的法輪功學員都被運送到了大連，包括後來薄熙來就任省長的遼寧省。

無論多殘酷 只要江需要薄都能辦到

大連很快成為中國迫害法輪功的急先鋒。據明慧網報導，1999 年秋，為了阻止法輪功學員去北京上訪，薄熙來下令在火車、汽車站入口處的地上，貼上法輪功創始人李洪志先生的大幅照片，上車、下車的人都必須踩在照片的頭上才能通過，凡是不願踩的，就被當成是法輪功學員，就地直接抓捕到派出所。薄熙來利用這個辦法抓捕了很多人。

由於薄熙來曾被關在監獄裡五年，在變態報復心理作用下，他擔任大連市長後擴建修建了不少監獄，有空時還喜歡到監獄裡轉轉，看人受折磨已經成了他的一種樂趣。江澤民走後，薄熙來把這一「愛好」發揚光大，他下令遼寧所有勞教所、監獄，「集中全部力量轉化法輪功」。

中共所說的「轉化」，就是強制讓法輪功學員宣布放棄信仰自由，表態不再修煉法輪功。於是，各種人類肉體能夠承受的極限酷刑被應用到法輪功學員身上。

據聯合國人權組織報導，2000 年 10 月，遼寧省瀋陽市馬三家勞教所的警察，將 18 位女法輪功學員扒光衣服投入男牢房，

任其強姦，導致至少五人死亡、七人精神失常、餘者致殘。此事件在國際媒體曝光後引起了很大的反響。法輪功指導人依循「真、善、忍」修心，馬三家惡警還叫囂：「什麼是忍？『忍』就是把你強姦了都不允許上告！」許多女學員告訴親人：「你們想像不到這裡的凶殘、邪惡……」

聯合國人權委員會的調查中記錄了這樣一個案例。王雲潔，女，40 歲，遼寧省大連市人，2002 年在商場工作時被綁架，劫持至遼寧省馬三家勞動教養院迫害，由於不放棄法輪功，遭到警察們的酷刑和種種非人虐待，導致乳房潰爛，慘不忍睹，後來乳腺發生癌變，由於得不到及時治療，於 2006 年 7 月不幸去世。

類似的酷刑在馬三家勞教所幾乎天天發生。女法輪功學員齊玉玲被電棍電乳頭；張秀傑被電棍電、打，還被電擊陰部，電得昏死過去；王曼麗被電棍電到失去知覺；李小燕被管教用四個電棍電她的頭、腳心，把她的肉都電糊了，逼她轉化……

就是憑藉這樣的酷刑，馬三家成為全中國轉化法輪功學員的「優秀單位」。幹出這些惡行的管教人員卻得到江澤民、薄熙來的獎勵，被樹為英雄模範給予二等功、長工資等獎勵。

如馬三家的女所長蘇境從北京領得獎勵五萬元、副所長邵力獲獎三萬元，各大隊長都得了獎金，全體獄警被評為「集體二級英模」。

時任中央政治局委員、政法位書記羅干，與中共公安部長劉京等鎮壓法輪功的元凶多次親自到此坐鎮，司法部還撥專款 100 萬元給馬三家「改善」環境，而與馬三家同一城市的以迫害法輪功手段殘酷著稱的張士教養院獲賞金 40 萬、龍山教養院獲賞金 50 萬。

薄熙來個人也嘗到了「甜頭」：他越是積極地鎮壓法輪功，越會得到江澤民提拔，也能從國家財政中得到越多的經費，越有利於他個人從中撈取錢財。

據中國媒體報導，2000 年 7 月初，江澤民暗中直接指揮的中共中央「610 辦公室」的負責人王茂林、董聚法等，在視察馬三家教養院後，對其「成績」給予肯定，並向江澤民作了詳細的彙報。「610 辦公室」的另一負責人劉京還多次往返馬三家教養院，促使江澤民決定撥專款 600 萬人民幣給馬三家教養院，命其速建所謂的「馬三家思想教育轉化基地」。

2003 年經薄熙來批准，遼寧省投資 10 億元在全省進行監獄改造，僅在瀋陽於洪區馬三家一地就耗資 5 億多元，建成中國第一座監獄城，占地 2000 畝。1999 年以前，馬三家連年虧損，連電費都繳不上，鎮壓法輪功開始後，當地政府對於從省內各地押送到馬三家的法輪功學員，按每人 1 萬元撥款。

積極迫害法輪功 薄熙來青雲直上

就在法輪功學員的血淚基礎上，一直官運不順的薄熙來開始青雲直上。

據知情人對《新紀元》周刊透露，薄熙來以前在大連樹立「華表」等野心舉動，一直讓江澤民心存疑慮，不願提拔他太多，但隨著薄熙來積極聽命於江，江慢慢改變了主意，他開始重用薄熙來，一步步地讓他升官發財。

1999 年江巡視後不久，薄被提拔進了遼寧省省委，2000 至 2001 年期間薄當上了遼寧省委副書記、代省長，2002 年成為省

長。薄熙來一當上遼寧省代省長，就下令新建擴建了瀋陽馬三家勞教所、龍山教養院、瀋新勞教所等，讓遼寧省成了迫害法輪功最嚴重的地方之一。

特別是當薄熙來選擇突破人類道德底線，率先參與活摘法輪功學員器官，並在海外被法輪功控訴並判有罪之後，江澤民把薄熙來看成了江派在十八大後政變的權力接班人，因為江澤民很明白，這樣欠下法輪功血債的人，才能真正和江派「一條心」地維持這場原本絕不該發生的迫害。

這是薄熙來生命中最重要的轉折點，墮落深淵的開始，之後更是一發不可收拾。

江澤民為販賣器官解除法律責任

江澤民為盡快把法輪功鎮壓下去，不但在 2001 年初命令羅干從河南找了幾個人冒充法輪功在天安門點火「自焚升天」，編造了「天安門自焚偽案」，煽動民眾對法輪功的仇恨（《華盛頓郵報》還專門調查證實，那個被當場「燒死」的劉春玲，只是個夜總會女郎，鄰居從來沒看見她煉過法輪功），還密令「610」對法輪功要「名義上搞臭，經濟上搞垮，肉體上消滅」，對於不放棄修煉的法輪功學員「打死算自殺」、「打死白死」、「不查身源，直接火化」。

這些密令是中共「610」系統的警察投誠後公布的，如天津市原「610」官員郝鳳軍 2005 年 6 月在澳洲申請政治庇護時公布此事，原中共駐雪梨總領事館政治領事、專門分管異議人士監控的陳用林，也多次證實這點。後來《大紀元》還從大陸消息人士

獲悉，江澤民下發這些密令時是寫在一張白條上，沒有署名，但中央「610」的人知道這是江澤民的命令，並按此執行。

江澤民的這些命令嚴重違反了中共的現行法律，但由於「610」是類似毛澤東時代的「中央文革小組」，凌駕在法律之上，於是哪怕當時中共體制內人士反對，但敢怒不敢言，連胡錦濤、溫家寶等人都只有默默屈服。據知情人透露，一次政治局開會，江澤民要擴大「610」編制，胡錦濤提到擴大編制就得多發工資，會給財政帶來困擾，結果被江大罵了一頓，誣稱：「人家都要奪你權了，還談什麼編制？」

由於打死法輪功學員不會遭到任何處罰，有了這道顛覆所有法制的密令，中共對法輪功的迫害最後升級到拿法輪功學員的器官賣錢的罪惡中。

相信所謂唯物主義的中共認為，人死了留下的屍體，就跟動物的肉一樣，想怎麼處理就怎麼處理，假如能把屍體用來換錢，那是「變廢為寶」的「好事」。早在 1960 年代，中共就把死刑犯的屍體拿來加以「利用」，比如，把人的腦髓拿來製成補品，給高級官員補腦，或拿人的屍體當生物原料等。

1984 年 10 月 9 日，中共頒布了《關於利用死刑罪犯屍體或屍體器官的暫行規定》，當法院判決犯人死刑時，醫院就會提前到監獄給犯人驗血，以獲取其器官信息。到了法警執行死刑那天，檢察院還要派人現場監督，所以醫院還要獲得檢察院的默認。

2001 年 6 月，來自天津武警總隊醫院燒傷科的醫生王國齊，曾在聯合國和美國國會上公開作證：在過去 15 年中，他先後從 100 多個死刑犯身上摘取皮膚和器官用於移植手術。當時中共外交部否認中國醫院的移植器官來源是死刑犯，但又無法給出器官

的來源。直到 2005 年中共衛生部長黃潔夫才被迫承認這一事實。不同於西方國家，當時中國的器官捐贈幾乎為零，中國人由於傳統觀念的影響，哪怕是死刑犯的遺體，家屬也希望能保存一個完整的身體，以便來生有個好去處。

薄谷遼寧犯下活摘器官的罪惡

2000 年至 2005 年間，江澤民推動鎮壓法輪功遭遇所謂「最困難時期」，中國從中共中央高層到省部委官員消極抵制。由於薄熙來對江澤民迫害政策的竭力配合，在薄熙來擔任大連市長和遼寧省長期間，大連最先發生活摘法輪功學員器官、盜賣被殘害的法輪功學員屍體的罪惡，中國遼寧省成為活摘法輪功學員器官罪惡最嚴重的省份，瀋陽是最嚴重的城市。

因販賣法輪功學員器官、屍體獲利巨大，再加上殘害法輪功學員被薄熙來、薄谷開來在大連及遼寧省定為「廢物利用」，同時有江澤民親自承諾「打死法輪功學員算白死」的不追究免責保護，活摘器官、販賣屍體成為大連最賺錢的行業，當年從大連、瀋陽市及遼寧省委省政府高層，特別是遼寧省（包括大連和瀋陽）衛生局、軍警、公安和醫學系統及黑道仲介等共同參與其中。活摘、販賣法輪功學員器官和屍體，在遼寧省高層、大連與瀋陽高幹子弟及醫學圈子內不是祕密，知道的人很多。

薄熙來、薄谷開來、王立軍都參與了這項罪惡，他們當年跟大連醫學院緊密合作，大連、瀋陽和遼寧衛生局系統，以及武警部隊的不少官員、醫療專家、高幹子弟都涉入其中，也都賺了大錢。

據悉，在 2003 年前後，大連醫學院一位院方高層的女兒從海外留學回來，參與了活摘法輪功學員器官移植的手術，因此患上憂鬱症跳樓自殺；薄谷開來也在這個時期患上嚴重憂鬱症。這些事情當時在遼寧高層引起轟動。

蘇家屯活摘指控 薄主政遼寧時

2006 年 3 月 6 日《大紀元》率先報導瀋陽蘇家屯血栓醫院祕密參與活摘法輪功學員器官。中共在經過了 20 天的銷毀證據之後，3 月 28 日中共外交部才首次回應並否認該指控，並邀請國際社會去調查。加拿大人權組織、美國華人媒體——希望之聲電台、新唐人電視台等記者，去中領館辦理赴華調查的簽證卻被中領館拒絕。4 月 16 日美國調查團看到的只是被中共精心布置後的蘇家屯醫院。

在外交部回應的前一天 2006 年 3 月 27 日，中共當局匆匆推出了《人體器官移植技術臨床應用管理暫行規定》，禁止人體器官買賣，但施行時間卻定在 7 月 1 日。外界質疑，既然人體器官買賣是非法的，應該立即執行，為什麼還要等上三個月？莫非有人需要時間來處理現有器官庫？

就在同一天，2006 年 3 月 27 日，一個叫魯道夫·弗爾巴（Rudolph Vrba）的 82 歲老人在加拿大悄然去世。身為當年逃離奧斯威辛集中營僅有的五名猶太人之一，弗爾巴於 1944 年 6 月首次向盟軍領導人披露了奧斯威辛集中營中的真相，讓毒氣室和焚屍爐等駭人聽聞的納粹殺人機器第一次為外界所知曉。

然而，由於過於善良而不願相信、麻木或被利益誘惑下的故意沉默，當時一些得知這一指控的高層人物卻隱瞞封殺了這個罪行，於是接下來又有 43 萬 7000 匈牙利猶太人被送入了集中營。

2006 年 4 月 7 日，《大紀元》在《蘇家屯事件曝光奧斯維辛第一證人去世》的報導中，呼籲人們能從歷史教訓中得到勇氣。有評論稱，弗爾巴此時的去世是上蒼在警示人類關注中國的蘇家屯，不要讓延誤的悲劇再次發生。

然而，這樣慘烈的指控還是被很多國家的政要忽視了，直到六年後的 2012 年 2 月 6 日，薄熙來手下幹將王立軍出逃美國駐成都領事館後，活摘器官的黑幕才再次擺在國際社會的面前。而且就在中共審判薄谷開來的前夕的 2012 年 8 月 7 日，《大紀元》獨家獲悉，薄谷開來、薄熙來就是中共活摘器官最初的主謀。

第三節

薄批准大連屍體加工廠

有證據顯示王立軍直接參與了活摘器官，在《注射藥物後器官受體移植試驗研究》中，王立軍也是作者之一。
（資料圖片）

就在 1999 年 8 月江澤民巡視大連後不久，薄谷開來就開始謀劃如何在鎮壓法輪功上撈取政治資本的同時也能在經濟上雙豐收。

公開資料顯示，1999 年 8 月，中國第一家屍體加工廠——哈根斯人體生物技術公司，在薄熙來親自點頭下被大連政府批准成立。當時哈根斯公開強調，工廠之所以選在大連，就是因為得到當地政府的支援。

由於大連有豐富的屍體來源，加上利潤豐厚，很快在大連成立了第二家由大連醫科大學教授隋鴻錦創辦的屍體加工廠。到了 2003 年，中國大陸出現了十多家屍體加工廠，中國成了全球最大的人體標本輸出國。

當時遼寧不光有大連出口人體標本，其省會瀋陽更是人體器官移植的重鎮。據海外人權組織調查，從 2000 年到 2006 年，中

國至少有 4 萬多例甚至高達 9 萬多移植器官來路不明，而在遼寧多達五個海內外做廣告宣傳的網站上，人體器官被分類標價，一副眼角膜標價 3000 美元，一個心臟標價 18 萬美元。其中最大的網站就位於薄熙來管轄的遼寧省瀋陽。

王立軍於行刑幾分鐘後摘取器官

2012 年王立軍闖入美領館，5 月份，美國國務院發表的人權報告中首次明確提到中共強制摘取法輪功學員器官一事。輿論普遍認為，王立軍已向美領館提供了活摘器官的內幕資料。

王立軍曾在錦州市公安局創辦的「現場心理研究中心」從事器官移植實驗。2009 年，有王立軍手下擔任警察的目擊者證實了活摘法輪功學員器官的證詞，並證實王立軍下的死命令是對法輪功「必須斬盡殺絕」。王立軍手下的一個警察在 2009 年曾對「追查迫害法輪功國際組織」舉報了中共活摘法輪功學員器官的罪行。

這位警察作證說，2002 年 4 月 9 日，在瀋陽軍區總醫院 15 樓的一間手術室內，他親眼看到兩個軍醫將一名 30 多歲的修煉法輪功的中學女教師，在沒打麻藥的情況下，活生生地摘取了她的器官，將她活活害死。

另外還有證據顯示王立軍直接參與了活摘器官，在《注射藥物後器官受體移植試驗研究》中，王立軍也是作者之一。

2006 年 9 月 17 日，位於北京、直屬共青團中央的中國光華科技基金會，為遼寧省錦州市公安局現場心理研究中心授予光華創新特別貢獻獎，並資助科研經費 200 萬元，其頒獎成果之一就

是藥物注射後器官受體移植研究。

王立軍在頒獎大會上大放厥詞：「大家知道，我們所從事的現場，我們的科技成果是幾千個現場集約的結晶，是我們多少人的努力。……當一個人走向刑場，在瞬間幾分鐘轉換的時候，將一個人的生命在其他幾個人身上延伸……」遼寧省是中國第一個全面推行死亡注射針死刑的省分，全面取消槍決行刑。

美國死刑服務信息中心執行主任 Richard Dieter2012 年 8 月曾向《大紀元》表示，有關王立軍（向犯人）注射死刑針後幾分鐘摘取器官，是摘器官令其死亡：「看起來摘取器官成為其死亡的原因，如果此人在因藥物死亡之前就這樣做的話。」死刑犯人在死刑針注射後，「通常在 25 分鐘之後才宣布其死亡。」他表示，鑑定死亡的醫生不能參與死亡注射針行刑過程。

海伍德死亡的真實原因

《大紀元》獨家獲悉，無論是屍體還是器官買賣黑幕，都與薄熙來、薄谷開來夫婦有關，而海伍德的死也與這些黑幕有關。

早在 1990 年代中期，海伍德就在大連結識了薄熙來夫婦，並成為薄家的家庭教師及向海外轉移資金的仲介顧問。

據知情人透露，從 2000 年薄谷開來在英國開辦公司以來，海伍德就直接參與了薄谷開來盜賣屍體的罪行。正因為知道得太多，當中紀委調查海伍德時，為了滅口，薄谷開來殺死了海伍德。

不過中共官方為掩蓋活摘器官的罪行，用一個經濟糾紛以及子虛烏有的「海伍德強行扣押薄瓜瓜」作為薄谷開來的殺人原因。當時薄瓜瓜在美國讀書，海伍德如何在英國「扣押」薄瓜瓜呢？

活摘器官及販賣屍體的罪惡迅速蔓延全中國

最早在中國大連發生活摘及盜賣關押的法輪功學員器官及販賣被殘害法輪功學員屍體的罪惡後，由於利益巨大及江澤民鎮壓法輪功政策對此罪惡的保護，以及中國及海外器官移植市場上器官的極度缺乏，中國社會每年有 150 萬個器官需求，但每年只能有一萬個器官提供給移植手術（包括部分非法獲取的器官），這樣一來，非法盜賣被關押法輪功學員器官及屍體的罪惡迅速在中國其他省市和地區蔓延開來。

之後，在中國各省市勞教所、看守所和臨時關押設施及監獄中，普遍發生了由中共政法系統、政府醫院（包括軍方及武警部隊醫院）和黑社會器官仲介聯手合作，活摘及盜賣被關押的法輪功學員器官和屍體的駭人聽聞的罪惡。中國從 2000 年到 2005 年間，器官移植手術數量呈蘑菇雲狀迅速成長，中國一躍成為世界器官移植大國。

在 2000 年之前的六年，中共官方數據顯示，中國六年總共的器官移植手術約 1 萬 8000 例，但僅 2005 年一年就有 2 萬個器官移植手術。

2000 至 2005 年 4 萬多器官無法解釋來源

薄熙來、薄谷開來的罪惡在中國各省市迅速蔓延。於是奇怪的事發生了。在中國官方宣布的死刑犯數量逐年減少的背景下，鎮壓法輪功的 2000 年後，特別是 2003 至 2006 年四年間，中國移植數量卻呈現爆炸似地詭異增長。據「中華醫學會器官移植學

會」主任委員陳實介紹，2002 年以來，中國移植業迅速發展，每年開展的器官移植手術超過 1 萬例；2005 年達到了創紀錄的 1 萬 2000 多例，名列美國之後的第二大器官移植國。然而很多國際醫學專家稱，中國實際移植量比美國多很多。

2010 年 3 月，《南方周末》記者在《器官捐獻迷宮》採訪中山一院副院長何曉順時得悉，「2000 年是中國器官移植的分水嶺。2000 年全國的肝移植比 1999 年翻了十倍，2005 年又翻了三倍。」而中共官方公布的數據 2000 年只比 1999 年翻了一倍多，隱瞞了九倍。此前一位瀋陽老軍醫爆料說，官方公布的移植數量往往只是實際移植數量的四分之一左右。

中國由於器官來源充足，等候時間也大大縮短。為了達到器官組織成分和血型的匹配，在世界各地都是病人等器官，一等就是好幾年。在美國等待腎平均需要 1121 天、肝需等 796 天、心需等 230 天、肺需等 1068 天、胰腺需等 501 天。在 2000 年前的中國移植界也是這樣，然而自從 2002 年以後，國際上流行到中國去做器官移植手術，特點是在中國無需花費等候器官的時間，所需配型的器官幾乎是隨要隨到。

比如天津東方器官移植中心在其網站上公開宣布：他們那做腎移植，最快一周、最慢不超過一個月，而肝移植也一樣。醫院紀錄顯示，2005 年病人平均等待肝移植時間為兩周。上海長征醫院器官移植科的肝移植更快，平均等候供肝時間為一周。

國際醫學專家根據這些奇異現象分析，認定中國存在龐大的地下活體器官庫，就是有事先都已驗好血型和做好相關資料檔案的活體器官供應者，一旦市場出現器官「需求」之後，這些活體器官供應者就被送入醫院「屠宰」，只有這樣才能保證器官市場

上「隨叫隨到」的超短等候時間。

外界一直無法解釋中國死刑犯沒有增加多少，而被用來移植的器官卻呈現十倍以上的劇增，直到 2006 年 3 月 9 日，《大紀元》曝光了《瀋陽集中營設焚屍爐，售法輪功學員器官》，化名皮特的中國資深媒體人獨家爆料，稱在瀋陽市蘇家屯區有個類似法西斯的祕密集中營，關押著 6000 多名法輪功學員，許多法輪功學員離奇死亡，焚屍前內臟器官都被掏空出售。

2006 年 3 月 17 日，第二位證人現身。《大紀元》以《主刀醫生太太揭蘇家屯器官摘取黑幕》為題，進一步點明上述集中營就設在瀋陽市蘇家屯區雪松路 49 號的遼寧省血栓病中西醫結合醫院。證人安妮的前夫曾親自摘取了 2000 多個法輪功學員的眼角膜。從 2003 年開始，安妮前夫開始出現精神恍惚，晚上盜汗作噩夢，床單濕透了一個人形。後來他才告訴家人，醫院大量摘取法輪功學員的腎臟、肝臟等器官，這些學員很多還是活的。指使他幹的人說：「你已經上了這條船了，殺一個人是殺，幾個人也是殺。」那時他們被告知，殘害法輪功學員不算犯罪，是幫共產黨「清理敵人」。

中國醫生承認活摘法輪功學員器官

2006 年 4 月 1 日，非政府組織「追查迫害法輪功國際組織」發表調查報告，確認「瀋陽存在龐大活人器官庫」，並公布了幾個中國移植醫生的原始電話錄音。這些醫院公開承認他們移植用的器官來自於活著的法輪功學員，這其中包括東方器官移植中心、上海中山醫院、河南鄭州醫科大學第一附屬醫院、湖北省醫

科大學第二附屬醫院等。廣州軍區武漢總醫院的那位醫生還不耐煩地說：「法輪功該用就用唄，管他法不法輪功！」

類似的調查結果還很多。如 2012 年 5 月，追查國際調查人員以前任政法委書記羅干辦公室張主任的身份，與中共政治局常委、主導輿論宣傳、屬於江派的李長春通話。李長春在電話中確認，有關活摘器官的事，「找周永康，他在管。」這再次證實活摘器官是以江澤民為首的中共官方行為，而不只是薄熙來等少數人的罪行。

由於活摘器官有巨額利益，很快從遼寧開始，中共官方在全中國各地偷偷活摘法輪功學員器官。2006 年 5 月，《大紀元》根據明慧網資料，綜合報導了一系列法輪功學員被偷盜器官的具體案例，如《唐山市勞教所盜取法輪功學員器官》、《山東盜取法輪功學員器官罪行嚴重》、《河南新鄉盜器官謊稱屍檢市長受株連》。如河北秦皇島青龍縣土門子村法輪功學員宋友春，2003 年 12 月 2 日上午被抄家後被關進青龍看守所，14 天後被迫害致死；家屬證實，宋友春的遺體被掏空了所有器官。被懷疑有類似遭遇的還有法輪功學員趙英奇、陳愛忠、孟金城、賀秀玲、於蓮春、李梅等。

其中有這樣一個實例。2004 年 3 月 11 日，山東省煙台市法輪功學員賀秀玲因修煉法輪功遭到中共當局迫害被非法關押，並被看守所以「腦膜炎」名義送往煙台硫磺頂醫院。那天醫院通知家屬，賀秀玲已於 3 月 11 日早晨 7 時 45 分離開了人世，賀秀玲的丈夫、煙台海洋漁業公司職工徐承本，接到通知後趕緊和幾個家屬在 11 時多來到醫院太平間，大家看到賀秀玲的腰間有繃帶纏繞包著，腎臟被摘，但她的雙眼還流出了眼淚！

徐承本一看妻子還活著，急忙找醫生，可醫生置之不理。最後親戚都去找，醫生才帶著心電圖在 11 時 30 分左右趕到太平間，經測試，賀秀玲的心臟還在跳動，當心電圖測試紙跑出十幾公分長後，醫生急忙撕碎心電圖紙逃走了。由於沒有任何搶救，賀秀玲不久真的死了。

事後徐承本為妻子鳴不平，提出控告。警方得知後企圖以 10 萬元人民幣收買，令其不再上訴。徐承本不從，並在網上曝光妻子被活摘器官，第二天即被警方抓補。兩年後，徐承本在洗腦班去世時皮膚潰爛，知情者認為他被下藥，慢性中毒而死。

這個星球上前所未有的邪惡

2006 年 7 月 6 日，由加拿大前亞太司司長、資深國會議員大衛・喬高（David Kilgour）和國際人權律師大衛・麥塔斯（David Matas）組成的獨立調查組，向國際社會公布了《中國活體摘取法輪功學員器官指控的報告》。報告從 12 個方面匯集了調查的起因、方法、證據、反證、可信度、結論及建議等。

最後得出結論，這項指控是真實的。這是「這個星球上前所未有的邪惡」。由於調查者在國際間具有極高的公信力，加上調查本身真實的證據、嚴密的推理，報告發布後給國際社會帶來了巨大的震撼。在進一步調查中他們確認：從 2000 年到 2005 年期間，中國大陸至少進行了 6 萬例器官移植手術，其中至少 4 萬多個器官極有可能是從法輪功學員身上摘取的。

2007 年 8 月 9 日，由 300 多名各國國會議員、法律專家、醫生、教授、記者、知名人士等組成的「法輪功受迫害真相聯合調

查團」（CIPFG），在希臘點燃了人權聖火，提出「奧運不能和反人類罪行同時存在」，並在隨後一年裡，人權聖火經過歐洲－澳洲－紐西蘭－南亞－非洲－美洲－東南亞，傳至全球 39 個國家 169 個城市，受到國際社會的普遍關注。

害怕被清算血債 江澤民拚命保權

據中共財政部一位官員透露，江澤民一意孤行發動對法輪功的迫害，曾把相當於國民收入的四分之一投入到直接或間接鎮壓法輪功上，在最嚴重的年分，這個數字一度高達四分之三。

由於鎮壓法輪功，把中國的法制、經濟、道德、文化徹底摧毀，江澤民成了中國歷史上的千古罪人。江非常清楚，一旦他失去權力，別說法輪功群眾要清算他欠下的累累血債，新上任的中共領導人也不會放過他的，因為迫害法輪功已經成為中國最大的政治問題，法輪功成為中國問題的核心，只有解開這個結，中國才有出路。

於是 2002 年 10 月的中共十六大時，江澤民不顧一切地把政治局從七人變成九人，硬塞進去吳邦國、賈慶林、曾慶紅、黃菊、吳官正、李長春及羅干七人，以這七人對抗胡錦濤、溫家寶兩人。於是政法委書記羅干以政治局常委的高位，指揮各級法院、檢察院、公安、司法、國家安全部等部門，繼續維持對法輪功的高壓政策。

為保證這七人進入中共最高權力機構中央政治局常委會，江不惜撕破老臉，騙走（勸退休）當時中共政治局常委李瑞環，利用中央軍委副主席張萬年的政變，讓自己再坐了兩年軍委主席的

位置，目的就是利用軍權來壓制任中共總書記的胡錦濤、總理溫家寶不得不接受江澤民的七比二的中央政治局常委布局。

五年後十七屆，想賴著不走的江派大總管曾慶紅被胡、溫踢出中央政治局常委之後，江派繼續插手中共高層人事，硬是把鎮壓法輪功的元凶周永康作為政法委書記擠入中央政治局常委，並以習近平取代李源潮，打破胡、溫原來的「二李」制，變成了「一習一李」。九個常委者中，吳邦國、賈慶林、李長春、賀國強、周永康這五票還都是江派的，胡錦濤、溫家寶、李克強的三票加上站在中間的習近平，胡、溫的政令還是出不了中南海。

為延續江派在十八大的權力繼承，江澤民密定薄熙來接任周永康的政法委書記的職位，因薄熙來在鎮壓法輪功方面血債累累，早就被法輪功海外法庭宣判有罪，正因此，薄熙來才有「資本」被選為十八大江派的「第二權力中央（政法委系統）」的權力繼承人。

江澤民當年之所以選擇習近平在十八大接替胡錦濤，因太子黨習近平是唯一從軍委高層到中央政府高層等各派都能接受的人物，江澤民已做不到將備受爭議的薄熙來一步到位樹為中共最高權力繼承人。江澤民、曾慶紅和周永康祕密擬定的政變計畫，是讓薄熙來在十八大進入中央政治局常委後，再通過二年時間實現完成政變，廢黜習近平，讓薄熙來作為政變之後的中共最高權力繼承人。

為此，江派有系統的通過中國百度釋放編造習近平「醜聞」等，為政變製造輿論。

為了扶持薄熙來，周永康不但派王立軍去重慶打黑，江派人馬還在財力、物力、人力上大力支持薄熙來唱紅，暗中不斷輸血，

短短四年薄在重慶花了 5000 億，讓重慶市財政早已實質破產，但卻贏得了表面的浮華政績。薄熙來、周永康還先後五次在重慶、成都、北京祕密會見，並密謀政變，商討如何在 2014 年取代習近平，以便在全中國繼續維持對法輪功的鎮壓。

　　然而，人算不如天算。就在江派政變密謀實施一半的情況下，王立軍的出逃，牽扯出薄熙來、薄谷開來的罪行，令活摘器官這個反人類罪行再次曝光在人們眼前。

　　江澤民無法、也不可能與薄熙來案切割。2013 年 9 月 23 日，薄熙來被判無期徒刑；2015 年 6 月 11 日，周永康被判無期徒刑；江澤民被清算的日子，還會遠嗎？

第四章

重慶「黑老大」的冤案

薄熙來、王立軍落馬前，橫行重慶，力推打黑惡政。其中最典型的李俊、龔鋼模等大案震驚全國。為「被告」辯護、辦案的北京律師李莊，被薄、王定性為黑社會幫凶，同樣被判刑關監。李莊出獄後，恰巧薄王落馬。本章主要是李莊用事實真相揭露薄王「黑打」民營企業家的殘酷罪行。

重慶如火如荼的「打黑」運動，事實上是踐踏法治的「黑打」行為，薄熙來、王立軍之流其實是最大的黑惡勢力。（AFP）

第一節

峰迴路轉、鬥智鬥勇的李莊案

2010 年 2 月 2 日，李莊第一時間就當
庭認罪，讓外界大喊「意外」。圖為
李莊在庭審當中。（大紀元資料室）

李莊的「認罪書」藏頭詩

　　李莊是北京康達律師事務所的律師，該所的負責人傅洋是原
中共全國人大委員長彭真之子。薄熙來想通過李莊案震攝中國法
律界，排除打黑障礙，卻得罪了很多太子黨。李莊案也讓人徹底
認識了重慶打黑的黑打性質──踐踏法律，欺世盜名。

　　2009 年 11 月 20 日，重慶民營企業家龔剛模等 34 人，因被
王立軍的專案組定性為「組織、領導、參加黑社會性質組織案」，
被重慶市檢察院提起公訴。原北京康達律師事務所合夥人李莊擔
任龔剛模的辯護律師。李莊在調查取證過程中，被重慶檢方控以
偽造證據罪和妨害作證罪，李莊於 2009 年 12 月 12 日下午，在
北京市龔剛模妻子程琪的病房中遭到重慶警方的抓捕。

　　2010 年 1 月 8 日，重慶市江北區法院一審中，李莊大聲喊冤，

拒絕妥協，被以偽造證據、妨害作證罪，判處其有期徒刑兩年半。李莊不服提出上訴。然而 2 月 2 日，二審時李莊當庭認罪，令外界驚愕。2010 年 2 月 9 日二審宣判，李莊以藏頭詩寫下一紙悔罪書——「全盤認罪」，被法院認定為「認罪態度較好」，改判一年六個月的有期徒刑。

聽到判決後，李莊當庭「反水」，搶話筒曝「訴辯交易」，二審時的「認罪」有假，指責重慶有關部門違約失信，沒有承諾認罪就判緩刑，最後他被幾個法警制服後帶離法庭。當時被外界認為是法庭上「最牛」的一幕。

按照李莊的說法，二審開庭時他當庭表示認罪，是以有關方面對他做出承諾為條件的。這些來自公安和檢察部門的承諾包括：二審以書面審理方式進行、量刑改判為緩刑等。

人們找出李莊的「認罪書」藏頭詩，發現他是這樣寫的：

「一、**被**刑事拘留以來，對我的思想觸動很大，在各級組織各級領導的耐心教育下，我逐漸認識到了自己的所作所為玷污了律師的職責，缺失了一名法律工作者應有的職業道德基**礎**。

二、**比**較其他民事代理人，刑事辯護人更應該顧大局、識大體，與黨中央保持一致。今後我要努力學習，徹底訣別過**去**。

三、**認**真反思（這裡我要插一句話，我確確實實沒有說過龔剛模被樊奇航敲詐，只說他被黑社會敲詐——記者註：這是李莊針對公訴人的一個說法的解釋），龔剛模案，浪費了極其寶貴的司法時間，屬思想不純立場不**堅**。

四、**罪**行法定，這是基本原則。作為法律工作者應注重事實、法律研究，不應偏聽偏信，甚至在大是大非面前執迷不**決**。

五、**緩**慢的思想轉變，為此付出了沉重的代價，也為今後的

人生吸取了豐富經驗。我要吸取教訓，追求未來應有的精神境**界**。

六、**刑**法的宗旨是懲罰罪犯保護人民，我將永遠牢記在心。這也是公民應遵守的基本準則。今後無論如何我將為社會做積極貢**獻**。

希望二審法庭慎重對待我的上**訴**。」

若把這六條的第一個字提出來，就是「被比（逼）認罪緩刑」，若把每條的最後一個字，包括最後那句話的最後一個字連起來就是：「礎（出）去堅決界獻（申）訴。」

在 2 月 9 日宣判後，李莊吼聲道：認罪既是被引誘，也是鬥爭策略，並提醒旁聽人員仔細察看他的《悔罪書》。這個認罪書等於是公開告訴外界，二審前他被逼認罪，重慶方面由此承諾他將得到緩刑，不會被關進監獄，遭受牢獄之苦了。中共的牢獄不但皮肉受苦，更是精神摧殘，李莊怕自己承受不住，所以二審前就屈服了。李莊以為薄熙來、王立軍等人會遵守雙方的承諾，哪知他被騙了。

外界評論李莊太不了解薄熙來了，當年為了當革命小闖將，薄熙來連父親薄一波的肋骨都踹斷了幾根；為了殺文強，連中紀委書記賀國強都敢騙，救了王益，也殺了文強，一個小小的李莊，在薄熙來眼裡，根本就是個小螞蚱，他哪會遵守承諾呢？再說王立軍也是天生就叛逆的人，在鐵嶺時他能與乾爹王海洲反目成仇，他哪會對李莊遵守諾言呢？

那時的李莊，恨不得想千刀萬剮欺騙了他的人，但無奈中共不講法制，哪怕李莊能把整部《中國刑法》背下來，他也無力把自己從被誣陷中拯救出來。

二審宣判後，李莊的辯護律師高子程在法院門口接受採訪時

告訴媒體，李莊曾告訴他，（重慶）某檢察長及某局長多次找李莊做工作，希望李認罪並更換高子程、陳有西二律師。如照辦，可二審改判緩刑。但對此中共官媒大多失語，一些相關的報導也基本遭到封殺。

當李莊即將出獄前，重慶方面又控其妨害作證罪的「漏罪」案，上演了「李莊第二季」，於 2011 年 4 月法院再審理，兩日後檢方自動撤訴。同年 6 月，李莊刑滿出獄。隨後李莊一直在為自己冤案做各種準備，上演「李莊第三季」。

2012 年 1 月，李莊重慶案的助理馬曉軍律師和妻子韓會娟向重慶公安局提交行政起訴狀，揭開了馬曉軍當年在「李莊案第一季」時失蹤和拒絕出庭作證之謎，被外界視為「李莊第三季」大片的預熱。

更多李莊案的精彩故事，請看《新紀元》中國禁書系列之《中南海政治海嘯全程大揭祕》。

康達律師事務所的太子黨背景

李莊是北京康達律師事務所的律師，該所的負責人傅洋，是中華全國律師協會副主任，也是原中共全國人大委員長彭真的二兒子。康達的副主任鄭小虎是最高法院第六任院長鄭天翔之子，另一位副主任林星玉是原全國人大副委員長林楓之女。

據報導，李莊案發生之後，傅洋即託情薄熙來達成妥協。傅洋也把李莊案件的一些情況轉交給喬石，希望這位已經「處江湖之遠」多年的政法界元老代為說情。

北京消息人士透露，喬石對過去十年中共政法委的很多做法

非常不以為然，而對王立軍和薄熙來在重慶處理李莊案手法尤為憤怒，他曾去電某位中共最高層，直斥王立軍「太不像話，不是個好人」。

有消息說，康達的前身是鄧小平之子鄧樸方的康華公司法律部，在康華解散之後獨立成為律師事務所。消息說，鄧樸方也為李莊案和高層「溝通」，他曾表態支持薄熙來繼續在黨內升任，但李莊案之後，他公開表態說薄熙來「不講義氣，靠不住」。

李莊案件在中國司法界引起了很大關注。中國網路作者劉先生表示，李莊案也是薄熙來下台的一個關鍵事件，涉及到很多中共內部的權力鬥爭。「薄熙來搞李莊這個案，得罪了很多太子黨。所以這個案子比較特殊，基本上還是屬於權力鬥爭範疇內的。」

第二節

王立軍與李莊的面對面交鋒

李莊出獄後開始寫一本書,暫命名《我的律師生涯》,據說在這本書裡他會濃墨重彩寫到他與王立軍之間的恩怨。

「得知王立軍進美領館並受到調查的消息時,我正在北京參加吳英案的研討會。」李莊坦言當時感到突然,繼而五味雜陳,「我和他有兩次見面,印象深刻。」

李莊第一次見到王立軍是 2009 年 12 月 2 日夜,北京飛往重慶的最後一班航機上。當時李莊正在代理龔剛模等案件,直接牽扯王立軍率領的重慶公安局違法酷刑折磨人的事,由於牽扯法律避嫌問題,當時李莊和王立軍並未打招呼,李後來才知道王到北京正是向中共中央政法委反映其「涉嫌偽證」犯罪的問題。

第二次見面是 10 天後的 12 月 12 日深夜,那時李莊已被指控教唆犯人做偽證,被重慶警方祕密抓捕,押解回渝。

「在重慶機場的飛機舷梯下,王立軍帶著上百名防爆警察和

一群記者迎候我。」在相機的閃光燈閃爍中，李莊走下舷梯，與王立軍展開了兩人間唯一的一次對話。

王立軍：李莊，我們又見面了！

李莊：不是第一次，但也不會是最後一次。

王立軍：你不要以為你的網我們撕不破。

李莊：我沒有任何網，我只知道有一張法網。

王立軍：我們重慶打黑除惡的決心是任何人動搖不了的。

李莊：我雙手贊成打黑，但堅決反對「黑打」。你這樣大的陣勢，是迎接奧巴馬來訪呢、還是抓住了本拉登？你得浪費納稅人多少錢呀，對我這樣一個律師不值得。

王立軍：我們任何一項工作都是有成本的。

李莊：好，我願意做你們的成本。

話畢，王立軍指著李莊，扭頭對專案組人員喊：「你們開始執法吧！」隨後李被戴上手銬，聽到王立軍吩咐專案組警察：他可是一個懂法的人。警察們回應：「明白意思！」

李莊被押上警車，警車呼嘯而行，直奔看守所。從機場到看守所幾十公里路途，全程戒嚴。李莊坦承，這給他精神上帶來了極大的威懾，同時感覺王立軍「太作秀，小題大做，鍾情於『戲劇化』的情節。」

2010 年 2 月終審宣判後，李莊寫過一封言辭誠懇的信，託看守人員轉交王立軍，要求見他一面：「給我 20 分鐘時間，我會說服您，讓您重新認識李莊案。」但王並未赴約，只派了一個副局長見了李莊。

直到出獄，李莊再也未見到王立軍。「但出獄前幾天，他派專案組人員來給我施壓說，出獄後就看我表現如何，要我不要

亂說話，不然就以上海案證人徐麗軍向我提起的誹謗罪，再抓捕我。」李莊說。

第三節

李俊案 隨意追繳 6800 萬

曾遭受薄熙來迫害的北京律師李莊 2013 年 7 月 19 日現身香港，揭露薄熙來與王立軍在重慶「黑打」的內幕。（大紀元）

　　2012 年底，李莊在北京中國改革論壇「依法治國與重慶教訓」研討會上的發言，他在 8500 字發言中，概括地揭露了薄熙來與王立軍在重慶「黑打」的內幕。

　　李莊說：「重慶這幾年，我形容他們，就是瘋狂老鼠坐上了過山車，在玩兒急流勇進的遊戲。近一個時期，我帶著 20 來名律師，主要是在重慶代理那些冤假錯案。重慶的李俊案，是一個比較典型的黑打案例，他的公司有一個 6800 萬的事，很惡劣。專案組剛剛抓人，甫說審判，還沒有起訴，就從人家帳上『追繳』6800 萬。後來問檢察院法院，誰也不知道此事，錢呢？為什麼不依法隨案移送呢？就是贓款你也要由法院執行局依照生效的判決，按照程序上繳國庫啊。」

　　「最早，警方抓過李俊一次，把他關到軍隊的一個彈藥庫，大家知道，關押疑犯，法律是有明確規定的，你怎麼能把一個犯

罪嫌疑人關到軍隊的彈藥庫呢？很明顯的違法。

「關到軍隊彈藥庫之後，逼著他們公司拿了 4600 萬，當天就放了，出來以後，應該說就是一個正常公民了吧，他應邀出國到一個國家考察，需要開一個無犯罪記錄辦護照，重慶市公安局在他交了 4600 萬出來以後，還給他開了一個無犯罪證明，蓋著重慶警方的公章，這個證明的影印件我也在微博上公布了，人家拿著無犯罪證明，辦了護照準備出國，這時候突然又聽見要抓他。

「為什麼抓他？因為重慶市沙坪壩區某領導讓他拿出 90 畝建一個森林公園，中間搞一個什麼紅歌廣場，人家說我們都規劃好了，規劃局都蓋了章的，哪兒是物業、哪兒是道路、哪兒是花池……你要拿走我 90 畝，我這整體 670 畝地的規劃就得全變。那位領導說，你必須得變。沒辦法，那就變吧！可以，我再修改規劃吧！我這一畝地多少錢買來的還多少錢給你。那位領導說，呦，你還要錢啊，行、行行，好吧！沒多長時間，黑社會！抓！

「李俊一聽到這個消息，趕緊就跑，跑到了成都，從成都機場準備飛香港，跑到成都之後，才發現沒有帶港澳通行證，他跟他太太羅崇打電話，趕緊給他把港澳通行證送過來，太太把通行證送過去，他就從成都坐飛機跑了，專案組沒有抓到他，回來把他太太給抓起來了，審了一年，什麼也沒有查出來。他太太爭辯說，我給老公送護照時，他是合法公民，當時你們也沒通緝他，原來你們抓過他，交了 4600 萬放了，還開了無犯罪證明……結果還是把太太關了一年多，審了一年，什麼罪名沒有查出來，還不能放掉，國家賠償怎麼辦？好，就弄個包庇罪吧，正好關了一年，就判一年吧，今天判今天放，趕緊走，就這麼出來了。

「重慶的俊峰集團，有廣告公司、裝飾公司、房地產公司……

一共 17 個公司 61 枚公章，打黑時都被專案組查封，人家公司沒有犯罪，你專案組扣押這麼多公司的公章，公司哪個人有什麼事都要打報告給專案組，賣材料、簽合同、甚至員工請假，都得專案組得批，我就發微博了，你公安局的專案組，是董事會還是監事會啊？這個案子，是我們的一個律師團隊代理的。現在經過我們幾位律師的不懈努力和抗爭，這 61 枚公章要回來了，三個多億資金也回來了大半。」

龔剛模案

在研討會上，李莊還介紹了龔剛模的家屬遭到酷刑折磨後做偽證的事。

「當初，為抓一個李莊，他們抓了 50 多個無辜的人，包括抓龔剛華、龔剛華的兒子、堂弟妻子及其大姨子（妻姐）、鄰居、司機甚至司機的老婆，統統抓起來。警察去抓龔剛華，兒子在家，問『你爸爸呢？』『不知道！』『帶走，打！』再問『你爸爸平常和誰來往？』『和鄰居一個叔叔經常打牌。』『把鄰居抓來！』『龔剛華跑哪了？』『不知道。』『吊起來！打！』打了幾天，實在不知道，只好放了，這樣的人抓了 50 多個，就是為了構陷一個我。

「我前兩天不是到最高人民檢察院嗎？為了增加證明力，我把龔剛華、龔雲飛從重慶叫到北京，同一天去最高檢。9 月 12 日，龔剛模在裡面帶出來的一封信（筆錄），我也讓助理給最高檢送過去了，龔剛華說：一審審判李莊時，讓我們不出庭，是因為法院把出庭通知書放在看守所大門口，專案組拿給我們，逼著簽字，

簽什麼字？簽『我不願意出庭』，他都不知道簽什麼。審判長說了證人不願意出庭，這就是一審為什麼沒有證人出庭。

「二審，薄熙來在 2010 年的『兩會』上也講了，說李莊二審六個證人出庭，這在歐、美發達國家也不多見啊，還要怎麼程序正義？我不知道他真不知道還是假不知道，這六個人出庭的內幕，最高檢的檢察官也為龔剛華、龔雲飛當面做了筆錄。我從深圳飛回京時，同時通知了龔剛華、龔雲飛，你們立即從重慶趕過去，最高檢約談我們，那天我們分別直飛北京，第二天，我們手拉手的進了最高人民檢察院，說二審為什麼都出庭了？

「他們被警方弄在重慶小南海的溫泉度假村，公安局買單，天天吃喝，泡溫泉，除此之外，每天三堂課，上午、下午、晚飯後，什麼課呢？模擬法庭，都是專案組的警察，有裝法官的、有裝李莊的、有裝陳有西的等等，假想了 470 多個問題，打印下來，讓這些證人背，每天要考核的。

「可是農民不認字，龔剛華除了寫龔剛華這三個字，第四個字都不認識，背不過怎麼辦？背不過警察教你一個方法：『無論李莊、陳有西問，都說不曉得、曉不得、腦殼疼，只要你們一說腦殼疼，我們和審判長會掩護你撤退（退庭）的。』這些黑幕，他們都給檢察官暴露了，而且這個錄像我也給最高檢察院和重慶一中院提供了。

「他們製造李莊案的黑幕還有很多，其中郭維國如何軟硬兼施的誘騙龔剛模，如果配合舉報李莊，可以退還你 3000 萬，如果給臉不要臉，就加大力度，王智如何對他拳打腳踢、熊峰如何在臘月天對他潑冷水用電風扇吹，為的就是要舉報李莊的口供，重慶原來報導的，什麼凌晨兩點按響警鈴舉報李莊，純粹是胡扯，

一些真相都將大白於天下。這些公然徇私枉法的警察，如果不受到法律的制裁，我們何談依法治國！老百姓會怎麼看待我們的執法者。

「今年（2012年）4月，我在西安參加民營經濟研討會，龔剛華、龔雲飛開車從重慶趕過去，在我的房間給他們進行了錄像，童之偉教授的聲音和畫面在裡面也有，何兵、陳有西也都在，主要是陳有西的提問，他占了90％的時間，回京後，我委託央視的朋友為這些錄像配了字幕，這個我也讓最高人民檢察院看了，我那天去重慶一中院，把這些視頻都拷貝給了他們。

「當然還有很多還沒有爆出，我準備在再審開庭時再當庭提交，我們大家都是那一段歷史的見證者和經歷者，李莊案一、二審的情景也還都歷歷在目。童之偉教授錄像時還屬聲問：『說，他們怎麼教給你們的？』後來我怕嚇著他們，當時童之偉教授義憤填膺的。在最高檢，當著國家最高檢察機關的面，他們訴說了出來，檢察官們也很驚訝：重慶這麼辦案啊！」

鐵鏈子勒著嘴拉掉了六顆牙

李莊在研討會上繼續說：「重慶這幾年發生的事，怵目驚心的很多，昨天我在重慶剛剛接訪了一個叫陳貴學的民營企業家，四川黔江的一個億萬富豪，有十幾億的資產，很老實一個人，50多歲了，從未進過派出所，每年交7000萬的稅，有好幾千員工，公安局突然有一天把他抓了，『說！給誰行過賄？』人家說沒行過賄，專案組說：『我們幹了這麼多年都沒你掙的多，你不玩兒黑社會不行賄，怎麼可能有這麼多錢？吊起來，打。』

「我拍了照片還拍了視頻，一個人什麼罪都沒有，竟然進去就給戴死刑犯的腳鐐，結果砸腳鐐時，用力過大，鋼釘都砸肉裡去了，腳上留下一個黑洞。這些照片和視頻都在我這兒，某省原省委書記的祕書陪著他一起來的，中央電視台、《人民日報》的記者，正好都在我的房間，都目睹了這一切。

「最殘忍的是，給他弄到『老虎凳』上，拿鐵鏈子勒著嘴往後拉，把他兩邊的下牙一共拉掉了六顆。這個視頻如果大家想看，等會兒散了會，我可以讓你們看。給他錄像之前，我還徵求了這位陳總的意見，我要給你拍照，你同意不同意？他說同意！他叫陳貴學，也是個億萬富豪。」

重慶黑打沒收資產成百上千億

在談到薄熙來與王立軍是如何利用打黑來侵吞他人財產時，李莊說：「我曾經說一個觀點，重慶打黑沒收的資產是成百上千億，成百上千，在這兒是一個形容詞，其實何止千億，注意，資產並不全是現金人民幣，既包括固定資產，也包括流動資產，甚至包括債權，都是資產。

「至於打黑期間到底弄了多少現金？現在重慶官方沒有精確的公布。因為沒有官方的正式公布，所以我從非正式的官方渠道，找到了重慶一個副廳級領導，我說你幫我查查到底入國庫有多少錢？他說重慶打黑入國庫的就是九個多億，反正不到10億。你想想，僅一個李俊案，起訴前還沒有開庭呢，就從他們公司帳上劃走了三億多現金，彭志民、陳明亮、管串、黎強……還有很多人。重慶萬州的管串案，竟然把人家的一棟大樓，當作犯罪工具

給沒收了。

　　「打黑高峰的時候，每個專案組都在想辦法弄錢，有個被告人出來以後跟我說，審我的時候，那個警察的電話就響了，說六點以前必須報數，今天是多少？今天我們弄了 1700 萬，那個說我們 3900 萬，那邊說等著用錢呢。贓款隨案移送，是基本的法律常識，無論是錢還是物，還是凶器、還是視聽資料，任何一個刑事案件偵察機關偵查終結以後，都應該移送到檢察院。如果不便移送的，得羅列清單，交到檢察院，檢察院審查起訴之後，移交法院，法院終審判決，該怎麼執行就怎麼執行，而在當時的重慶，這些統統亂來。

　　「李俊案的被告有好幾十人，判決也不涉及公司犯罪，你追繳的這些，都是公司帳上的財產，而公司是由若干名股東組成的。你沒有判公司的財產罪，為什麼從公司帳上劃這麼多錢呢？李俊的各個公司，掛名董事長都是用哥哥、弟弟、妹妹、姐夫、外甥，全是這樣的人，哭笑不得的是俊峰置業的董事長，他是李俊的五哥叫李修武，原本是湖北長江邊上一個打魚的，李俊註冊的這個公司就用他哥哥名字註冊的，這個哥哥什麼事兒都不管，任何事都沒做，就因為他是掛名董事長，就把他以及很多員工，包括老婆、兄弟、侄子、外甥統統抓起來，認定李俊是黑老大，可李俊跑了，就矬子裡面拔將軍把，抓他哥哥當老大，判哥哥李修武無期。這個人，我們現在也正在幫他申訴。」

重慶那幾年就是法西斯暴政

　　李莊說，「我覺得，重慶那幾年就是法西斯暴政，那根本就

不是什麼法治，因為那兒根本沒有法治。

「前兩天在重慶，從機場接我到住酒店，從酒店到法院，從法院到機場，平時去飯店，陪同我的有一個人，這個人你們也可以記一下，姓忻，叫忻建威，他老家是涼山彝族自治區的，是王立軍 51 個祕書裡面的第三個祕書，王立軍在重慶也就兩、三年，51 個祕書，最短的，一天滾蛋，最長的就是他，跟了四個月。

「那天在我住的酒店房間，中央電視台、《人民日報》、新華社等很多媒體都在，他穿著警服來了。那幾天我去哪兒他都親自開車，說：『李莊我保護著你！沒事兒！』當著十幾家記者的面，我說你穿著警服不怕暴露身份？他說：『我不怕！』後來記者就問他，到底王立軍是個什麼人？他就給講了兩個故事，他說：『我是他任職最長的一任祕書，包括給他拿鞋，喝水我得給他倒，這些活都得幹。我就頂撞了他兩回：第一回是在天來大酒店。』

「他就講，王立軍來了以後他就住這兒，旁邊是女子交巡警支隊，有一天，王局來個朋友，讓我給開兩天房，比如 4 日、5 日兩天，6 日過 12 點了，房卡再去刷打不開門了，結果那天 6 日吃飯晚了一點，一點多他們才回來，王立軍就陪著朋友回房間，一刷卡打不開門，王立軍急了，從六樓下到大廳，『忻建威！忻建威！在哪呢？』『王局我在這兒呢！』『你他媽了個 X……』破口大罵：『你們重慶警察都是殘聯的，你是不是殘聯派來的？房間到點了你不知道續房卡？』我說王局你讓我定兩天我就定了兩天。王局大罵：『滾蛋，馬上滾！就這麼，滾了。』

「他原來是保密室副主任、110 指揮中心副主任，副處級幹部，滾了沒一個月，王局把他當作黑社會保護傘給抓了。王立軍就這麼無法無天，他看著誰不順眼就馬上拿下。忻建威的事，還

有一個問題，既沒有拘留也沒有逮捕，沒有任何司法手續，什麼手續都沒有，就給關押了 300 多天，打得兩耳出血，他現在找我是什麼意思？我說你想幹嘛？組織都給你平反了，官復原職還給你配輛車，你還想怎樣呢？他說我還想追究他，追究他漏罪。他的原話是，『文強如果能槍斃一次，王立軍夠槍斃 100 次了。』」

「你說重慶這幾年，是法治嗎？我們這個社會如果總是強調法的嚴厲，過分的誇大法的作用是不行的，那樣做會怨聲載道，但你不講法，總是講德，老百姓把法當兒戲也不行，怎麼把法和德有機的結合起來？這是關鍵，我在裡面《論語》看了好幾遍，其中孔子說的『道之以政、齊之以刑，民免而無恥；道之以德，齊之以禮，有恥且格。』意思就是你用高壓、酷政去嚴打，老百姓被迫守法，內心的廉恥之心是沒有的，而用德和禮去感化、疏導他們，讓他們輕鬆愉快的生活、從內心去自覺自願的遵紀守法。這才是依法治國的最高境界。

「重慶打黑時期，有些人說那時社會治安確實好，我想說，我國的文革和希特勒統治德國的時期，那是人類歷史上社會治安最好的時期。如果讓你去主政重慶，隨地吐痰亂扔煙頭，抓起來判刑，小偷、小摸抓起來槍斃，那叫法治嗎？那叫野蠻法西斯暴政下的恐怖，那不是法治。」

第五章

重慶打黑運動的血腥

重慶「黑打」中的刑訊逼供，除民營企業家外，不願配合薄王黑打的警察也成了「專政」對象。「打死了上面有王立軍」成了黑打基地警察的口頭禪。而幾十種酷刑的源頭則是江澤民下令迫害法輪功後，由「610」惡警發明並實施到法輪功學員身上的。

有中國學者對重慶打黑進行調查後表示，重慶打黑是無法無天、公權力無限膨脹、大搞株連、刑訊逼供、屈打成招、迫害律師、脅迫證人、鉗制言論。（AFP）

第一節

重慶黑打的驚人酷刑案例

重慶 24 個基地中最著名的兩個：鐵山坪以最為殘酷而出名，榕湖賓館則因刑訊文強案而出名。圖為 2010 年 4 月 14 日文強一審。（新紀元資料室）

重慶有 24 個酷刑基地

薄熙來主政重慶期間，2009 年開始了「打黑」，被外界稱之為「黑打」的運動，在王立軍夜奔美領館、薄熙來下台後，越來越多的證據浮出水面，指向黑打運動的刑訊逼供。在 24 個刑訊逼供基地中，重慶市江北區鐵山坪以最為殘酷而出名。

薄熙來下台後，2012 年 4 月，這個基地掛上了「重慶市公安局鐵山坪民警戰訓基地」的牌子。但是還是擋不住人們探知究竟的腳步。

據大陸媒體報導，鐵山坪民兵訓練基地原屬江北區武裝部，後來成為「6·3」專案組外訊基地。鐵山坪出名，因為當年龔剛模和樊奇航指控警方「刑訊逼供」，並引發包括「李莊偽證案」、著名刑辯律師朱明勇頂著巨大風險在北京公開刑訊錄像等一系列

的輿論風暴。

另一個基地榕湖賓館在沙坪壩公園內，曾屬於中共當局的招待所，後來成為「091」專案組外訊基地——「091」意指2009年一號大案，即原重慶司法局長文強案。

這是重慶24個基地中最為著名的兩個。鐵山坪以最為殘酷而出名，後者因刑訊處理文強案而出名。「外訊」是酷刑的代名詞。當年被關押的嫌疑人有的一聽到自己要被「外訊」當即大哭。

這裡的「審訊」如同煉獄

「426」和「063」是兩名四川萬州男子在看守所的代號，他們曾多次被帶到鐵山坪審訊。這裡的「審訊」對當事人來說猶如一場煉獄，「426」和「063」即是煉獄的親歷者。現在，二人來到這裡，雖然當年的「外訊」基地已經換了牌子，但依舊令他們神色不安。

「426」曾兩次在這裡被審訊，當時戴著黑頭套、隨著車隊被警察押送上山。他說他最初被逼著承認自己是殺人犯，最終以「涉黑罪」被判三年。「063」則被定罪涉黑、開賭場。

兩人相繼出獄時，重慶風雲已變。王立軍、薄熙來均已下台。在王立軍2012年2月份夜奔美領館後，4月份這個黑打基地就換牌為「重慶市公安局鐵山坪民警戰訓基地」了，鐵窗也換成了玻璃窗。但是對外還是很嚴格，「外人不能進入」。媒體記者無法進入採訪。

「063」說：「每次從萬州到重慶經過鐵山坪隧道，就會想起那個最傷心的地方。」

　　一名保安透露，這裡就是曾經的「打黑基地」，2012年4月份，整幢建築都重新裝修了，之後有警察過來參加格鬥之類的訓練。而在打黑期間，「山上都守著武警」。

　　「426」說，從外表看，基地建築最大的變化是嚴實牢靠的鐵窗都換成了玻璃窗。但是仍可以感受得到當年荷槍實彈全警動員的緊張氣氛。在那棟五層建築兩側的牆角，還繫著兩條狗，隔著很遠，狗就大聲吠叫，撲騰著要掙脫身上的繩索。

「打黑基地」催生另類「繁華」

　　當年這個「打黑基地」，也催生了另類的「繁華」———一條拆除得並不徹底的十來米的「街道」，在基地靠近山林的一角，還能找到當年繁華的「痕跡」。尚未拆去的店舖名稱顯出了曾經的繁華：中國移動通信、金園珠寶銀樓、中國農業銀行、農貿市場、零點迪吧、月亮灣歌舞廳、星橋美容美髮。

　　「麻雀雖小、五臟俱全」的這條鐵玉路，是「打黑基地」工作人員的消費場所。除了娛樂休閒場所之外，為何還有「珠寶銀樓」這類店舖，現在成了令人費解的難題。

「老虎凳」、「鴨兒浮水」、「蘇秦背劍」

　　龔剛模哥哥龔剛華提供的一份材料顯示，2012年8月27日上午，四川容德律師事務所王萬瓊律師在重慶監獄監區會議室會見了龔剛模，龔剛模講述了自己的經歷：「吊我在窗欄上，弄得我大小便失禁，臭得讓我自己收拾。沒事就把我們幾個吊起來耍，

看哪個聲音叫得大，反正就是侮辱。」

據親歷者和警方人士透露，鐵山坪其實只是當年重慶打黑的24個基地之一。這些基地的出現，主要是當時抓的人太多，很多地方人滿為患，被迫陸續啟用一些新的基地，之後發展成為各個專案組的「外訊基地」。

據親歷者介紹，這些「打黑基地」裡，最出名的刑具之一就是「老虎凳」。在沙坪壩區做了30多年警察的伍偉就坐過「老虎凳」，他最初是以「搶劫、販賣毒品罪」被抓，最終以「受賄兩萬元獲判最高刑期三年」後出獄。伍偉回憶，坐上「老虎凳」後，雙腳就被很細的鐐銬鎖上，雙手也被銬住，最終坐的時間太長，「兩條腿腫得像大象腿一樣粗，無法走路。」

「063」等人回憶說，有人坐在「老虎凳」上，幾天幾夜不讓睡覺，挨打時也不能躲閃，只能實實在在挨著，坐得太久了，有人最終尾椎坐爛，屁股上長瘡、變爛。但是他們說，這還不是讓受訊者最膽寒的刑罰。最讓人感到生不如死、身體和精神上都遭受極限挑戰的，是另一種刑罰：「吊起」。

樊奇航被吊刑折磨的要自殺

編號0885的「嫌犯」稱，他五上「鐵山坪」，最長一次外訊時間長達七天七夜，經歷「鴨兒浮水」、「蘇秦背劍」等刑訊後，他從黑社會團伙的頭號被告變為第22號被告，關押500多天後出獄。

「426」還記得第一次上鐵山坪「外訊」的經歷。他說，那天早上八點多鐘，他戴著腳鐐手銬從看守所出來，外面停滿了警

車，「大概 100 多輛」，一輛車上一個嫌犯，被蒙上黑頭套，身體兩側被警察夾著，汽車在山上「爬」了 30 多分鐘，到達鐵山坪。

「一共去了兩回，第一次有四、五天。」「426」說，他被逼承認自己殺人。在鐵山坪，「426」被吊起來打，「他們說我殺了人還不老實」。晚上，他還聽到隔壁房間裡「女娃兒的慘叫，哭喊」之後，他被送到監獄服刑。

曾在江北看守所代號「0885」的「嫌犯」告訴《瀟湘晨報》記者，當時在看守所，要被送往鐵山坪的程序，是警察在監舍外喊「0885、外訊」，「萬州一個做園林的人，我認識他，關在隔壁的監舍，喊他外訊時，在監舍裡大哭起來。」

「0885」在萬州開夜總會很多年，被抓時是 2009 年 9 月 29 日。他記得，被抓之前，重慶當地報紙刊出 60 名黑社會頭目的照片，「照片中，就可以看出樊奇航的臉被打變形了。」

據報導，在樊奇航死刑複核程序進行過程中，朱明勇律師拍攝了會見錄像，視頻顯示，樊奇航稱：「曾被銬上手銬吊起來腳尖點地，十多天不讓睡覺。銬得太久，以至於手銬嵌進肉裡，警察花了一個多小時才取出來，我不堪折磨，曾兩次撞牆自殺，咬下一截舌尖自殘。」

「0885」說：「沒吊過不知道吊起的厲害，最長吊了 3 個小時。」汗水打濕了腳下的地面，「手腳全都不像是自己的了，解個小手要花 20 多分鐘。」

吊起的方法則多樣，兩隻手同時反扣鐵窗上吊起，身體前傾，叫做「鴨兒浮水」。雙手在背後交叉吊，叫做「蘇秦背劍」。「063」介紹，自己被吊後，人虛脫出現了幻覺，「屋子裡有鳥在飛，人就坐在吧檯上。」

第二節

警察口頭禪：打死了有王立軍

2012 年 11 月，一名重慶公安局的中層警察，寫出了披露王立軍罪行的 13 萬餘字的紀實報告，稱王人格分裂、極盡癲狂，三年來在重慶製造了一幕幕人間悲劇。（新紀元資料室）

重慶警察都變成了黑社會

據介紹，鐵山坪的外訊房間設置跟賓館差不多，進門右側是洗手間，中間放了張「老虎凳」，再往裡分別是兩張電腦桌，桌子後面是兩張單人床，兩床中間是通道，從「老虎凳」下來後拉到窗戶邊吊起來，「高度可以根據身高調節」。

鐵山坪裡一共分了三個小組：看守組、抓捕組、審訊組。兩張床是看守的兩個警察睡覺的地方，分三班倒，六個人輪流看守。「犯人」則只能坐在「老虎凳」上，看守的人不同，待遇也不同，有些人輪流折磨「犯人」，不讓睡覺，有些則不理會。審訊期間，看守都要出去。

「一個房間只有一個疑犯」，每間房的警察相互之間都不能過問。在房間的牆上，貼著白紙紅字的「講政治、守紀律、懂規

矩、聽招呼」，每個字有 A3 紙那般大小。

對這個標語，警察伍偉出獄後仍然憤憤不平：「懂規矩、聽招呼，這哪是公安機關的口號，分明是地地道道的黑社會語言。」

到 2009 年的 11 月份，鐵山坪刑訊逼供的消息開始在外面流傳，房間裡則貼上了 A3 紙大小的「看守所在押人員行為規範」，但基地的警察並未就此收斂。

「0885」說，他在鐵山坪外訊多達五次，第一次是七天七夜，之後是三、四天，最短的是兩天。他也屬於「6.3」專案組，只是和龔剛模、樊奇航不是同一個案，警察要他承認自己是黑社會老大，「你不是老大，為什麼大家都稱呼你是老大？」「我有三個兄弟，我是老大，從小父母就叫我老大啊。」

三年處理 5600 多名警察

在王立軍當重慶公安局長的三年中，共處理民警 5600 多人，這些人有的被撤職、降職、勞教，還有被判刑。2012 年 12 月 11 日，重慶公安局稱，目前正在研究相關方案，但沒有制定出來。警方內部信息顯示，一些在王立軍治下被調整崗位的警察已經恢復原職，「區縣上來的沒有動，但從市直機關下去區縣的很多已經回來了。」

據樂雲網報導，2012 年底重慶警方正在低調啟動內部糾錯和平反機制，公安局長何挺設立三個工作組，抽調 20 多名民警，由一位副廳級的副巡視員牽頭，主要是處理對王立軍任內遭遇不公正對待警察的來訪來函，進行專案調研與約談當事人。

2012 年 11 月，一名重慶公安局的中層警察，寫出了披露王

立軍罪行的 13 萬餘字的紀實報告，叫《重慶歲月：一個警察的獨白——見證王立軍》，在網路上引起轟動，報告稱王是一個人格分裂，極盡癲狂的標準法西斯分子，三年來在重慶製造了一幕又一幕的人間悲劇，因為他的殘酷和變態不知有多少個家庭妻離子散、家破人亡，其罪行罄竹難書。對此，網路民意反映熱烈。律師陳有西鼓勵更多警察發聲，揭露官場不堪內幕。據說手抄本在重慶警察內部早就流傳，有的人看後抱頭痛哭。

與文強家交好 禍從天降

57 歲的周文召（化名）從警 30 年，他講述過去三年的遭遇時，臉色愁苦深灰，他的左腿明顯比右腿纖細羸弱，走起路來一瘸一拐。重慶打黑中，周文召在 2010 年 1 月 4 日因「非法持有彈藥罪」一審被判三年。同年 5 月 28 日，重慶第一中級人民法院終審裁定維持原判。周文召出獄後一直申訴至今。

但他一直隱藏自己的故事，直到重慶打黑中被判刑的前律師李莊，履約重慶一中院關於其案件申訴的約談，周文召才決定曝光自己的遭遇，讓外界了解重慶打黑中從未公開的一面：各類「黑老大」受審入獄的同時，成百上千的重慶警察，也經歷了過山車似的命運跌宕。

周家與文強兩家關係交好，是重慶市公安局眾人皆知的事實，文強兒子文伽昊至今仍稱周文召夫婦為乾爸、乾媽。周文召對此也並無迴避。

周文召稱他遭到了刑訊逼供。這也是幾乎所有重慶打黑親歷者對辦案機關的共同指控。周文召一家共計六人因此案被抓。專

案組一直要周文召承認「與文強結夥作案」被拒後，專案組再次將周文召從看守所接到「基地」，又是三天三夜輪流審訊，期間不給吃喝，「你認一個 5000 元的，不論是行賄還是受賄我們都好交差。」

周文召最終沒有認罪，而以私藏彈藥罪被判入獄。周文召的遭遇並非孤例。

2010 年底，「091」專案組曾通報媒體稱，文強夥同政法系統內親信及黑惡團伙，造成政法系統窩案、串案，警方分管刑偵、治安、經偵、禁毒等警種的 10 名負責人，成為以文強為首的黑惡團伙保護傘，近 400 名幹警涉嫌違法違紀，均被查處。

來自重慶市公安局的資料顯示，2010 年至 2011 年兩年間，市局政治部就下發關於幹部任免的文件 121 份，1131（人次）處局級幹部被任免，平均每月有 47.5%（人次）被任免。根據王立軍指令，還有基層 6372（人次）科所隊長被任免，占全域科所長總數的 99.8%。

外界評論，這是王立軍學薄熙來，利用各種懲罰任免，挑選扶持自己的人馬，把聽自己話的人提拔上來，不聽話的就打下去。這是中共官場的普遍做法。

「在王立軍全面主持市局工作的三年中，第一年被處理的民警 900 多人，第二年為 2900 多人，第三年為 1800 多人，這些民警中有的被行政撤職、降職、勞教、雙指，還有被判刑。」一位重慶公安高層稱，在高壓的打黑態勢下，無疑存在一些冤假錯案和被無辜打擊處分的警察，「一些缺乏證據證明違法違紀的，已經恢復了職位。」

王立軍的祕書只能爬了

重慶黑打中，警察也不能倖免一些被抓的警察，遭遇了「戰友」們殘酷的「外訊」，在內心留下創傷。一些人放出來後，「世界觀被改變了，工作不積極，也不想再當官，說話、走路、做事還是小心翼翼、噤若寒蟬。」

黑打期間，被「打黑基地」外訊的重慶警察也不少，如王立軍的祕書忻建威就被關了 339 個日夜。邊民在忻建威出來後去家裡找他，「他是從房間裡爬著出來的」。

據了解，現在重慶正按「面對問題、不迴避問題，實事求是，按輕重緩急來低調處理」警察內部平反工作。

但平反過後，「感恩的不多」，許多人「心理遭受嚴重挫傷」，「簽字時手發抖，不敢相信是真的，仿若做了一場噩夢。」

口頭禪：打死了有王立軍

出現這樣的後果，「與遭受同事的刑訊有很大關係」，一位受害人這樣說。打黑期間，警方還成立過「打黑專業培訓班」，主要是去某個基地演示、培訓。參與打黑的警察，對待被抓起來的同事，「不能心慈手軟」，「違法就立功，遵紀守法就要追責。」

包括「063」等被關押過的人員介紹，黑打基地裡的警察，下手往往有恃無恐，「打死了上面有王立軍」，幾乎成了這些警察的口頭禪。代號「091-5」的「嫌犯」是重慶市公安局禁毒總隊的一名警察，他是 2009 年 8 月 7 日晚上被抓的，後來被關押在看守所。在看守所，除了挨餓，他沒受什麼折磨，同監舍的一名

「坐過三天三夜老虎凳」的警察還很羨慕他。不料,到了10月15日,「厄運降臨」,他被帶到榕湖賓館109房間外訊。

「一個頭罩扣下來,又長又厚、又髒又臭。」「091-5」回憶,進去要坐「老虎凳」,專案組警察提醒:「文強坐了七天就吐了,黃代強、羅力也是七天就吐了。」

「091-5」說,在榕湖賓館,除了問訊、吃飯、上廁所,黑頭套一直戴在頭上。他按照吃飯的次數算時間,「吃了21頓了,七天了,是不是要放我喔?」但第八天,折磨開始了,警察進來抱怨,「讓你吃好,卻整得我們天天遭罵,現在開始,慢慢收拾你。」此後,「091-5」每天只能吃一小碗方便麵,值班警察開始輪流折磨他。他被關到10月29日晚上八點才回看守所,尾椎坐裂了,腿腫了,腳下的拖鞋都拿不下來,兩個室友按摩一個多月才消腫。

2009年11月8日,「091-5」再次聽到「外訊」消息,「腦袋嗡的一聲要爆了,糟了,這下肯定要整死。」到了房間,專案組稱「立軍局長和郭常務(郭維國)對你的案子相當冒火」,要他多少認點罪,「你認5000元,你受賄或行賄都可以嘛。」

這次「外訊」持續兩天三夜。他未按要求檢舉,也沒認罪,被放回看守所,「回到看守所,要是邊上沒人,我絕對跳起來,高興啊!」「091-5」說,他「幸虧」有一個「尾巴」:他家裡留有他十年前當派出所所長時帶隊去打靶留下的95發子彈。後來起訴時說是101發(超過100發子彈屬於情節嚴重)。

2009年12月18日,「091-5」的案子開庭,罪名是非法持有彈藥罪,之後被判刑三年。

「091-5」出來後,給第二次去榕湖賓館外訊期間,偷偷給過

自己八寶粥喝的民警打電話想表示感謝，不料，對方頗為緊張：
「我可沒整你喔。」

第三節

源頭——
江澤民說：打死算自殺

王立軍使用的酷刑是從江澤民的「610」辦公室學來的。江澤民因迫害法輪功而犯下「全國性」屠殺的滔天罪行。（大紀元）

酷刑主力都是從遼寧帶來的

面對這些酷刑，人們不禁要問，重慶警察是從哪裡學來的？有人問，是否從國民黨的渣滓洞監獄學來的，答案是否定的。首先中共宣傳的英雄人物江姐被酷刑等，很多是虛構的，國民黨監獄並沒有那樣折磨他們；其次，60年都過去了，現在的警察如何學呢？從書本上也找不到這樣的記載。

其實，王立軍的這些酷刑是從薄熙來遼寧監獄的警察那兒學來的，是從江澤民的「610」辦公室學來的。

2012年7月，據大陸媒體報導，重慶市多名公安局長被免職，其中包括原重慶副市長王立軍的東北幫心腹王智。重慶市政府第

127 次常務會議決定免去王鵬飛重慶市公安局渝北區分局局長職務，免去李陽重慶市公安局刑事警察總隊總隊長職務。另外，重慶市公安局副局長唐建華、重慶市公安局沙坪壩區分局常務副局長王智，也相繼在一周內被中紀委帶走調查。

早在 2008 年，當王立軍任重慶市公安局副局長之後，在薄熙來支援下，王在重慶公安政法系統「摻沙子」，僅從遼寧就調來 68 名高級警員，在關鍵部門換上了大批自己的人馬，其中王智被安排在沙坪壩區公安分局任常務副局長，周京平到涪陵區公安分局任局長，王鵬飛任渝北公安分局局長、李陽任重慶市公安局刑事警察總隊總隊長等。

「遼寧幫」在重慶黑打中，是具體實施酷刑的指揮者。比如王智，在唱紅打黑中充當急先鋒，其所在的沙坪壩區是薄熙來唱紅打黑的重災區，是所謂「紅岩精神」的大本營，區委書記李劍銘當年緊跟薄熙來，多次受到表揚，臭名昭著的 091 專案組就是王智牽頭的。

人們不禁又要問，那遼寧警察怎麼能搞出這麼多酷刑呢？他們是從哪裡學來的呢？這就不得不談到當今中國最大的冤案、中國最關鍵的核心問題：法輪功受迫害。

江澤民提出要鎮壓法輪功

由於法輪功能強身健體，同時提高人的思想道德水準，受益後的人們口耳相傳，從 1992 年到 1999 年短短七年時間裡，法輪功修煉人數超過了一億，中共公安部上報的數據是七千萬，這也超過了中共黨員人數。

於是，心胸狹窄、妒嫉心極強的江澤民，認為法輪功在和共產黨爭奪群眾，便不顧當時政治局其他所有常委的反對，一意孤行地發動了對法輪功的鎮壓。

為了消滅法輪功，江澤民下達密令，對法輪功要「名義上搞臭，經濟上截斷，肉體上消滅」。對於堅決不屈服、不放棄修煉法輪功，不「轉化」的法輪功學員，江澤民還利用周永康控制的政法委，下達對法輪功學員「打死算自殺」、「打死白打死」等公然違背法律的命令。

1999 年迫害開始時，薄熙來所在的遼寧是參與迫害最積極的省份。結果，遼寧警察成了各種酷刑的最早使用者。在害死法輪功學員後，警察還謊稱是自殺。

據海外明慧網不完全統計，從 1999 年至 2012 年的 13 年中，在經過證實的被迫害致死的 3559 名法輪功學員中（截至 2012 年 6 月 13 日），有 44 例疑點重重的「被自殺」案例，有 104 例則是被警方謊稱為「自殺」或偽造事故、迫害致死的「假自殺」案例，總計為 148 例。強行火化屍體，毀屍滅跡的案例更多，有 249 例。這些僅是被海外證實的部分案例，因封鎖嚴密，大量法輪功學員被迫害致死案例根本無從曝光出來。

起初，警察只敢用酷刑對付「打不還手，罵不還口」的法輪功學員，因為他們不會像普通人那樣，出去後對警察加以報復，但隨著迫害的加深和蔓延，出賣了良知的惡警開始把酷刑運用到訪民或各類嫌疑犯身上，結果酷刑得到進一步擴散。王立軍把從遼寧帶來的警察安排在每個專案組裡，具體負責對每個案子當事人的審理，結果，一個個冤假錯案就這樣產生了，但究其根源，還是來源於江澤民對法輪功的非法迫害，它也徹底摧毀了中共表

面的法律體制。

　　了解法輪功遭遇的人都知道，薄熙來、王立軍那套無法無天的做法，都是從迫害法輪功開始的，背後都是中共政法委控制的公、檢、法、司在周永康的指揮下的人性徹底淪喪。

薄熙來重慶打黑十大酷刑揭祕

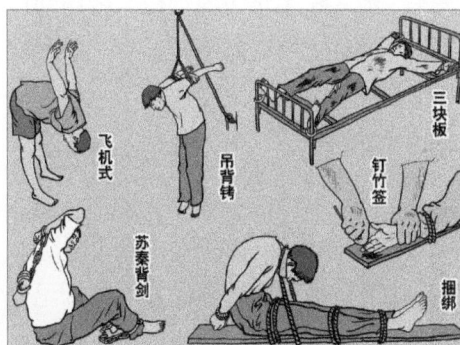

江澤民下令，對法輪功學員實施「名譽上搞垮、經濟上截斷、肉體上消滅」、「打死白打」、「打死算自殺」。於是，百種酷刑上陣，對付手無寸鐵的法輪功學員。部分酷刑示意圖。（明慧網）

　　2012 年 12 月，大陸騰訊網有人根據公開新聞報導以及涉案律師李莊個人博客等，總結出重慶打黑「刑訊」十招，包括老虎凳、鴨兒浮水、蘇秦背劍、金雞獨立、烤全羊、纏銅絲、打表、澆冷水、噴芥末油、咽陰毛，並輔以示意圖。有網友評價說，其殘酷程度比商紂王還甚。

　　有機會翻牆出來看到真實情況的網友會發現，這些招數在專門報導中共迫害法輪功的明慧網上經常見到，也就是說，薄熙來、王立軍是從鎮壓法輪功的「610」警察那裡學來的酷刑招數。

　　《新紀元》周刊在 2008 年 7 月第 81 期封面故事《7・20 大集會 解體中共 結束迫害》中，有一篇《中共迫害法輪功酷刑演

示圖》，裡面介紹說，「本文是近年來一些法輪功學員從魔窟裡九死一生逃出來後回憶演示的酷刑經歷。假如我們設身處地閉目想想，這樣的酷刑施加在我們身上，將是怎樣的痛徹心扉呢？」

從未品嘗過「無產階級專政」鐵拳的人，恐怕無法想像中共酷刑的殘忍。但「文革」中中共女黨員張志新在監獄中被隨意輪姦、臨處死前還被割破喉管以防她呼喊口號；大學生孫志剛僅僅因為沒帶暫住證就被深圳警察打死；楊佳僅僅因為租了被偷的自行車而被踢壞生殖器，從這些歷史事件中人們不難聯想，中共警察會用怎樣的手段來對付那群「打不還手、罵不還口」、絕不會事後報復、而且被中央定性為「頭號敵人」、「轉化一個可得一大筆獎金」的法輪功學員。

據明慧網報導，中共集古今中外邪惡之大全，把歷練了幾十年的暴力手段全用在了法輪功學員身上，外界已知的酷刑至少40種以上，每種酷刑都超過血肉之軀所能承受的極限。人們把折磨法輪功學員的勞教所、看守所稱為地獄和魔窟。熬鷹（不許睡覺）、毒打、電擊、性摧殘、灌食，是魔窟裡折磨法輪功學員的「家常便飯」，除此之外，強行注射破壞中樞神經藥物、「老虎凳」、「死人床」、「開飛機」、「約束衣」、地牢、水牢、背飛、「抻床」、「紅白二龍」鞭子抽打；灌辣椒水、濃鹽水、灌糞湯；「凍冰棍」、「餵蚊子毒蟲」、「曬魚乾」、電針等等酷刑，每天花樣翻新的施加在法輪功學員身上……

1. 電棍電擊

用電棍電擊是警察、管教對法輪功學員最常用的酷刑。他們用高達30萬伏的電棍電擊學員的敏感部位。如：口、耳根、腳心、手心、陰部、乳頭等。他們常用幾個電棍同時施刑。

高蓉蓉，36歲，原遼寧省瀋陽魯迅美術學院財務處職工。2004年5月7日，高蓉蓉遭到龍山教養院二大隊副大隊長唐玉寶、隊長姜兆華從下午三點至晚上九點多鐘的連續六小時的電擊，造成她的面部嚴重毀容。

2002年，大連市法輪功學員王雲潔在馬三家教養院遭電擊導致乳房潰爛。

2「燒雞大窩脖」

瀋陽法輪功學員鄭守君於2001年9月27日在張士教養院遭此酷刑長達三至四個小時。圖為鄭守君本人演示酷刑。

3.「過電」

過電是讓人彎腰，雙手舉過頭，兩拇指必須頂住牆，兩腳跟抬起，在兩腳跟下面放針，犯人在地上把著針，尖朝上，只一會的功夫，腿就發抖，腳落在針上鑽心的痛，稍有不從，就會招來一頓拳打腳踢。

黑龍江省雙城市法輪功學員趙德華於2000年12月在雙城市第二看守所遭此酷刑。

4.「水牢」

把人剝光衣服泡在髒水裡，水深到胸以上，終年不見陽光。受刑時間長短隨警察心意，重者死亡，輕者身體浸泡腐爛。

2001年，石家莊市法輪功學員丁延（32歲）在河北省承德監獄遭受水牢酷刑而死。

5. 摧殘性灌食

灌食中用的是加一點點水的粗鹽、玉米糊、刺激性藥物、辣椒水，高度白酒、洗滌劑和屎尿等。為了防止法輪功學員對灌食進行抵制，幾乎所有法輪功學員在被灌食的過程中，都被施以各

種形式的限制肢體自由的刑具，如捆綁、背銬、重腳鐐、坦克帽（限制頭部活動的刑具）等。

哈爾濱法輪功學員王玉芝，曾是成功企業家。於 2001 至 2002 年被關押在黑龍江萬家勞教所期間，被長期插鼻管灌食，導致鼻子堵塞，幾次窒息，雙眼經常流血流膿，幾乎失明。圖為王玉芝演示「灌食」酷刑。

6. 強制墮胎

為了達到勞教已經懷孕的女性法輪功學員的目的，警察不管她們已經懷孕多長時間，對她們採取強制性墮胎。圖為法輪功學員演示「強制墮胎」。

2000 年 12 月，廣東增城區鎮龍鎮（現為廣州白雲區羅崗鎮）法輪功學員湯金愛去北京為法輪功上訪，被綁架後關入增城看守所。當時她懷有兩個多月的身孕。鎮龍鎮派出所羅偉軍等警察把她強行送到增城計畫生育辦公室強行墮胎。

2002 年 5 月 25 日，河南孟州城伯鄉羅莊村的法輪功女學員耿菊英，被孟州市「610」辦公室和公安局的警察們翻牆入室後綁架。為了勞教懷有身孕的耿菊英而得到獎金，警察強行給她墮胎。

7. 浸大水缸

2000 年嚴冬時節，山東濰坊市勞教所（昌樂勞教所）警察為了強制法輪功學員「轉化」，指使四、五名勞教人員將學員扒光衣服（一絲不掛）抬進廁所，把學員的手腳用膠帶纏起來放入盛滿水的大水缸裡，將其頭部露出水面，幾個人按著，用水管子噴其嘴鼻，每次長達十幾分鐘，仍不轉化就再噴灌。

8. 注射不明藥物

不放棄信仰的法輪功學員常常被強制注射不明藥物。吉林省東豐縣第四中學教師魏鳳舉被長春黑嘴子女子勞教所注射不明藥物後放回家，一個多月後突然不能吃飯，不停瀉肚，接著大小便失禁，渾身疼痛，體重急劇下降，於 2007 年 7 月 12 身亡，去世前雙眼失明。

9.「開飛機」、「半飛」

開飛機——身體彎曲 90 度，雙手平伸，有的雙手後背手心朝上各擎一水杯。水灑出來便遭毒打。警察逼法輪功學員「開飛機」，一般都幾小時。被體罰後的學員雙腳冰涼、渾身冰冷、頭暈目眩、全身顫抖、虛脫。

半飛——將法輪功學員的手一高一低地銬在兩張床之間，使其保持著向一側彎腰，身子不能站直的姿勢。居住在奎文區北苑街道北宮橋社區的山東濰坊法輪功學員李新建於 2000 年 11 月，曾在山東王村勞教所連續 27 天從早上六點到晚上十點，遭受半飛酷刑的折磨。

半飛——被迫害的學員兩手被拉直銬在鐵架床上，身體半架空，一隻腳被吊起，只能一隻腳腳尖點地，一銬就是半月。法輪功學員李德善於 2002 年在山東王村勞教所曾遭此酷刑迫害。

10. 紮竹籤

長長的竹籤被從指甲下釘入指尖，使受刑者痛徹心扉。2001年 2 月 24 日，黑龍江省牡丹江市法輪功學員趙軍被陽明分局南山派出所警察施此酷刑。

第六章

看清中國共產黨的暴政

共產黨從 1949 年其篡政開始，至今還在繼續暴政，十幾億的幾代中國人深受其害。認清共產黨的本質，不忘歷史才能看清現在。其對農民、工人、知識分子、企業家、少數民族、異議人士的迫害，特別是十八年來對法輪功的迫害的事實，都可以從奇書《九評共產黨》中找到。

中國共產黨的暴政。（大紀元）

　　由於中共竭力掩蓋歷史，如今很少有人真正了解中共執政以來帶給中國人的災難。2004 年 11 月，一本改變這一現狀的奇書出現，那就是《大紀元》編輯部出版的《九評共產黨》。

　　此書利用中共自己的黨史文獻，深刻解析了中共的本質，喚起了中國人良知的覺醒，最後引發大量人聲明「三退」──退出少先隊、共青團和共產黨。截止 2017 年 8 月 8 日，在《大紀元》退黨網站上公開聲明退出中共黨、團、隊的總人數已達 2 億 8079 萬 9244 人。

　　江派利用薄熙來搞的重慶模式，實質就是中共暴政在新時期的翻版。一旦薄熙來、孫政才等人搞的這些「文革」左派惡政成功，那中國又會有千百萬人頭落地。溫故知新。審視中共的歷史，有助於我們看清時局。

　　以下全文轉載【九評之三】評中國共產黨的暴政

前言

　　提到暴政，中國人往往會聯想到秦始皇的苛政與焚書坑儒。秦始皇「竭天下之資財以奉其政」（《漢書‧食貨志》）的苛急暴虐集中表現在四個方面：征斂無度、賦稅奇重；好大喜功、濫用民力；嚴刑峻法、鄰裡連坐；鉗制思想、焚書坑儒。秦朝統治中國時，全國約有一千萬人口，秦王朝竟徵用了 200 萬人為役。秦始皇進而把嚴刑峻法施於思想領域，大肆禁錮思想自由，曾將非議朝政的儒生方士殺之千餘。

　　與「狼虎之秦」相比，共產黨的暴虐有過之而無不及。人所共知，共產黨的哲學是鬥爭的哲學。共產黨的統治也是建立在一

系列對內對外的「階級鬥爭」、「路線鬥爭」、「思想鬥爭」之上。毛澤東自己也曾直言不諱：「秦始皇算什麼？他坑了四百六十個儒，我們坑了四萬六千個儒。有人罵我們是獨裁統治、是秦始皇，我們一概承認，合乎實際。可惜的是，你們說得還不夠，還得要我們加以補充。」

讓我們來回憶一下中國在共產黨統治之下步履艱難走過的五十五年，看一看中國共產黨在奪取政權之後是怎樣利用政府機制，以階級鬥爭為綱領來實行階級滅絕，以暴力革命作工具來實行恐怖統治的。它「殺人」與「誅心」並用，鎮壓共產黨之外的一切信仰；粉墨登場，為共產黨在中國的「造神」運動拉開了大幕。根據共產黨的階級鬥爭理論和暴力革命學說，不斷地消滅不同範圍和群體中的異己分子。同時，用鬥爭加欺騙的手段強迫全國人民成為它暴虐統治下的順民。

一、土地改革——「消滅地主階級」

建國僅三個月，共產黨就著手在全國全面開展土地改革。用「耕者有其田」的口號，鼓動無田的農民鬥爭有田的農民，鼓勵、放縱人性中自私自利、為所慾為、不講道德的一面。同時，在土地改革總路線中明確提出「消滅地主階級」，在農村廣泛劃分階級、定設成分、給全國不下二千萬人帶上「地、富、反、壞」的帽子，使他們成為在中國社會備受歧視、打擊、沒有公民權利的「賤民」。與此同時，隨著土地改革深入到邊遠地區和少數民族，共產黨的黨組織也迅速擴大，發展到鄉有黨委、村有支部。黨支部上呈下達，貫徹黨的旨意，他們往往是沖在階級鬥爭的第一線，

挑動農民鬥爭地主,致使近十萬地主喪生。更有地區對地主實行滿門抄斬,以達到滅絕其階級,連婦女兒童也不能倖免。

在這期間,共產黨在全國農村掀起了第一輪「毛主席是人民的大救星」、「只有共產黨才能救中國」的宣傳。土地改革中不勞而獲、強取豪奪、為所慾為的政策使少數農民得到實惠,也有不少貧苦農民對共產黨感恩戴德,因而接受了共產黨是為人民的說法。

對於分得土地的農民來講,「耕者有其田」的好景並不長久。不到兩年,共產黨就開始了一系列強加在農民身上的運動:互助組、初級社、高級社、人民公社。在批判「小腳女人」的緊鑼密鼓中年年加碼,要農民「跑步」進入社會主義。在全國實行糧、棉、油統購統銷,把全國主要農業產品排斥在市場交流之外。更增加了戶籍制度,不許農民進城工作居住。有農村戶口的人不能去國家糧店買糧,子女也不能進城上學。農民的子女只能再做農民。從此,中國三億六千萬農村戶口持有者成為中國社會的二等公民。

直到改革的年代,「一部分人先富起來」了,但九億農民除了在家庭承包制取代人民公社的最初五年,收入有所提高、社會地位相對改善之外,他們被緊跟著的農工產品價格傾斜所逼迫,再度沉陷在貧困之中。城鄉居民收入差別急劇擴大,貧富懸殊,農村重新有人成為新地主、新富農。新華社發表的資料表明,1997 年以來「糧食主產區和多數農戶收入持續徘徊甚至減收」。也就是說,農民在農業中的所得不是增加了而是減少了。城鄉居民收入差距由上世紀八十年代中期的 1.8 比 1 擴大到 3.1 比 1。

二、工商改造──消滅資產階級

另一個要被共產黨消滅的階級是城鄉的民族資產階級。在工商改造中，共產黨宣稱：資產階級與工人階級有本質的不同，即：一是剝削階級，一是不剝削和反剝削的階級。資產階級的剝削是與生俱來、至死方休，只能消滅、不能改造。在此前提下，對資本家和商人的改造中就更加重了「殺人」與「誅心」並用。其原則還是順者昌、逆者亡。你如果上交資產並表示擁護共產黨，則定為人民內部矛盾。你如果有反感、有怨言，則劃為反革命成為國家的專政對象。在工商改造的腥風血雨中，資本家、業主、商販統統上交了他們的資產。其中有不少不堪屈辱而輕生的。當時在上海任市長的陳毅就曾每天詢問「今天又有多少空降兵？」指那一天又有多少資本家跳樓自殺。這樣在幾年內，共產黨就在中國全面取消了私有制。

在土改和工商改造的同時，共產黨發動了鎮反、思想改造、打倒高崗饒漱石反黨集團、清查胡風反革命集團、三反、五反、肅反等一系列的全國大規模整人運動。每次運動共產黨都動用它所掌握的政府機制連同黨委、總支、支部，凡三人則成一戰鬥堡壘，深入鄉村街道。無處不在，無事不管。這種從戰爭年代帶過來的「支部建在連隊上」的網絡式控制結構，在後來一系列的政治運動中，一直起著關鍵的作用。

三、取締會道門與鎮壓宗教

建國初期發生的另一事件是對宗教的暴虐鎮壓和對會道門的

全面取締。1950 年，共產黨對各地政府發出指示，要求他們全面取締會道門，即當地的宗教及幫會組織。文件中指出，封建會道門組織乃是國民黨特務及地、富、反革命分子操縱的工具。在這場波及全國鄉鎮的運動中，政府動員了它們認定的可依靠階級揭發打擊會道門的成員。各級政府參與解散「迷信」組織，諸如基督教、天主教、道教（特別是一貫道）、佛教等組織。要求這些教會、佛堂、幫派的成員到政府登記並悔過自新。如不按期登記，一經查明，定予嚴懲。1951 年政府明文頒布，對繼續會道門活動者處於死刑或無期徒刑。

這次運動打擊了廣大信神向善、遵紀守法的普通老百姓。據不完全統計，共有不下 300 萬教徒、幫會成員被抓被殺。在廣大的城鎮鄉村，幾乎每戶都遭到盤查，連農民供的灶王爺也被砸碎。在殺人的同時，更進一步確立了只有共產黨的思想體系才是唯一合法的思想體系，只有共產主義才是唯一合法的信仰。從此以後，便有了所謂的「愛國」信徒。只有做了「愛國」信徒才能受到國家憲法的保護。實際上，無論老百姓信的是什麼教，標準只有一個：就是要在行為上服從黨的指揮，承認共產黨是高於一切教會的。你信基督教，那共產黨就是上帝的上帝；你信佛教，那共產黨則是佛祖的佛祖；講到回教，共產黨就是真主的真主；講到活佛，共產黨就要批准誰來做活佛。說到底，黨需要你說什麼，你就得說什麼；黨需要你做什麼，你就得做什麼。教徒們要高舉你們各自的信仰去遵行黨的旨意。如果不這麼做，就成為打擊、專政的對象。

有兩萬多名基督徒對中國 22 個省、207 個大小城市的 56 萬名家庭教會基督徒進行了走訪調查，證實在家庭教會信徒中有 13

萬人被監視居住。僅在 1957 年之前，就有 1 萬 1 千多名教徒被殺，大量教徒被任意拘捕或被勒索性罰款。

至此，共產黨在中國消滅了地主階級、資產階級、迫害了廣大城鄉敬神守法的人民而建立了共產黨一教統天下的根基。

四、反右運動――誅心全國，以為其用

1956 年，一批匈牙利知識分子組織了「裴多菲」俱樂部，被蘇聯出兵鎮壓，稱為「匈牙利」事件，毛澤東引以為戒。1957 年，共產黨在中國使用了「百花齊放、百家爭鳴」的口號，號召中國的知識分子和群眾「幫助共產黨整風」。其意在於把他們中的「反黨分子」誘騙出來。毛澤東在 1957 年初給各省黨委書記的信中表露出借鳴放和整風「引蛇出洞」的意思。

當時有幾句鼓勵人們鳴放的說詞，叫做「不揪辮子、不打棍子、不戴帽子、決不秋後算帳」。結果一場反右鬥爭劃定了 55 萬名「右派分子」。27 萬人失去公職。23 萬被定為「中右分子」和「反黨、反社會主義分子」。有人把共產黨的整人權術整理為四條：一、引蛇出洞；二、羅織罪狀、突然襲擊、一言定乾坤；三、明講治病救人，實則無情打擊；四、逼人自我批判，無限上綱。

那麼，引起這麼多右派和反黨分子近 30 年流放邊遠寒苦地區的「反動言論」究竟是什麼呢？當時被萬箭齊發、密集批判的右派「三大反動理論」是由羅隆基、章伯鈞和儲安平幾次討論會發言組成的。細看他們的意見和建議，簡而言之，無非是要建立一個有共產黨和民主黨派共同組成的委員會以檢查三反、五反、肅反工作中的偏差（羅）。國務院常常出了成品要政協、人大等

機構表態，建議要把政協和人大的人加進政策形成的過程中去（章）。黨外人亦有見解、自尊心和對國家的責任感，不要在全國範圍內，不論大小單位，甚至一個科一個組，都安排一個黨員作頭兒。事無鉅細，都要看著黨員的臉色做事（儲）。這幾個人都明確表示了願意跟著共產黨走，提的意見也都沒有越出魯迅所描述的「老爺，您的袍子髒了，請脫下來洗一洗吧」的範圍。

劃成「右派」的人中並沒有人提出要推翻共產黨，不過是批評、建議。就是這些批評、建議使數十萬人失去了人身自由，給數百萬家庭帶來了苦難。隨之而來的，還有「向黨交心」、拔白旗、新三反、下放勞動和劃漏網右派。誰對本單位領導，特別是黨委書記有意見，誰就是反黨。其下場輕者是不斷被批判，重者則勞動教育或全家遷送農村。這些人連同他們的子女上大學、參軍都沒有分，就是到縣城找個工作也是不可能。從此他們失去了勞保、公費醫療，加入了農民的行列，成了二等公民中的賤民。

自此以後，一部分學者形成了牆頭草，隨風倒的雙重人格。他們緊跟「紅太陽」，亦步亦趨，成為共產黨的「御用知識分子」而不能自拔。另一些人則清高自遠，對政策問題噤若寒蟬。以天下為己任的知識分子像是徐庶進了曹營，一言不發了。

五、大躍進——指鹿為馬，以試其忠

反右之後，中國進入了恐懼事實的狀態。聽假話、說假話、做假事，逃避事實、歪曲事實成為世風。大躍進便是一次全國集體編造謊言的大爆發。人們在共產黨的邪靈引導下，做出了許多荒誕不經的蠢事。說謊者和受騙者同樣自欺欺人。在這場謊言與

愚行的鬧劇中，共產黨強制地把它的暴虐邪氣植入了全國人民的精神境界。人們高唱著「我就是玉皇，我就是龍王，喝令三山五嶺開道，我來了」的躍進歌謠，實施著「畝產萬斤，鋼產翻番，十年超英，十五年趕美」的荒誕計畫，轟轟烈烈，經年不醒。直到大饑荒席捲中國，餓殍遍野、民不聊生。

在 1959 年的廬山會議上，與會者誰不知道彭德懷的意見是正確的？誰不知道毛澤東的大躍進是荒唐，專斷的？但擁護不擁護毛澤東的路線是「忠」與「奸」，生與死的界限。當初趙高指鹿為馬，並非不知何為鹿，何為馬，而是為了左右輿論，結黨謀私，讓天下人盲目服從而不敢略有爭議。最後，彭德懷本人也不得不違心的在打倒彭德懷的決議上簽了字。正如鄧小平在文化革命後期不情願的保證「永不翻案」一樣。

由於人類社會總要靠已有的經驗來認識世界，拓展思維，而共產黨使人們對整個社會的經驗教訓所知甚少，再加官方公共媒體的封閉消息，人們判斷是非的能力日見低下。下一代人對前一次運動中「慷慨歌燕市」的有識之士的理念、理想和經驗完全無知，只能靠零星的片段來了解歷史並判斷新的事物。自以為正確無誤，其實謬之千里。共產黨的愚民政策就是靠了這種方式而大行其道。

六、文化大革命——邪靈附體，乾坤倒轉

文化革命是共產黨邪靈附體全中國的一次大表演。1966 年，中國大地上掀起了又一股暴虐狂潮。紅色恐怖的狂風咆哮，如發瘋孽龍，脫韁野馬，群山為之震撼，江河為之膽寒。作家秦牧曾

這樣描述中國的文化大革命：「這真是空前的一場浩劫。多少百萬人連坐困頓，多少百萬人含恨以終，多少家庭分崩離析，多少少年兒童變成了流氓惡棍，多少書籍被付之一炬，多少名勝古蹟橫遭破壞，多少先賢墳墓被挖掉，多少罪惡假革命之名以進行。」據專家們的保守估計，文化大革命中非正常死亡者達 773 萬人。

人們對文化革命中的暴力和屠殺往往有一種錯覺，覺得這些大都是在無政府狀態下由造反運動形成的。殺人者也都是「紅衛兵」、「造反派」。但根據中國出版的數千冊縣誌所提供的資料，文革中死人最多的時期不是紅衛兵造反有理，中央各級政府處於癱瘓的 1966 年底，也不是造反派武鬥正盛的 1967 年，而是「各級革命委員會」已建立，毛澤東恢復了對國家機制全面控制的1968 年。在全國著名大屠殺案件中，濫施暴力、血腥殺伐的大多是政府控制的軍隊、武裝民兵和各級黨員骨幹。

從下面這幾個例子中我們可以看到，文革中的暴行並非紅衛兵、造反派的一時過激行為，而是共產黨和地方政權的既定決策。文革時期的領導人與各級權力機構對暴政的直接指揮和參與，常常被遮掩起來而不為人知。

1966 年 8 月，北京紅衛兵以「遣返」為名，把歷次運動中劃為地、富、反、壞、右的北京市居民強行趕出北京押往農村。據官方不完全統計，當時有 3 萬 3695 戶北京市民被抄家，有 8 萬5196 人被驅逐出城、遣返原籍。此風很快在全國各大城市蔓延，多達 40 萬城市居民被遣返到農村。連有地主成分的共產黨高級幹部的父母也未能倖免。實質上，這種遣返行動是中共在文革前就安排好了的。彭真任北京市長時就說過，要把北京居民成分純淨為「玻璃板、水晶石」，即把成分不好的市民全部趕出北京。

1966年5月，毛澤東發出「保衛首都」的指示，成立了以葉劍英、楊成武和謝富治為首的首都工作組。這個工作組的任務之一就是通過公安局大規模遣返「成分不好」的居民。如此就不難理解，為什麼紅衛兵對超過2%的北京市居民抄家遣返，不但未被政府阻止，相反還得到市、區公安局和街道派出所的大力支持。當時的公安部長謝富治曾要求公安幹警不要去阻攔紅衛兵，要為紅衛兵當「參謀」，提供情報。紅衛兵不過是被當局所用。到了1966年底，這些紅衛兵也被共產黨拋棄，不少人被宣布為「聯動分子」而入獄。其他的隨大批「知識青年」被送到鄉下參加勞動、改造思想。當時主持遣返活動的西城紅衛兵組織，就是在共產黨領導人的「親自關懷」下成立的，他們的通令也是由當時的國務院祕書長修訂後發表的。

繼北京遣返地、富成分的人去農村，農村也掀起了又一輪對地、富成分人群的迫害。1966年8月26日在北京市所屬的大興縣公安局的局務會上，傳達了公安部長謝富治的講話。其中要點之一是公安幹警要為紅衛兵當參謀，提供黑五類（地、富、反、壞、右）的情報，協助抄家。大興縣的屠殺運動直接來自縣公安局的指令。組織殺人行動的是公安局的主任、黨委書記。動手殺人，連孩子都不放過的大多是民兵。

文革中，很多人因在屠殺中「表現好」而得以入黨。據不完全統計，在文革中突擊入黨的，在廣西一省有9000多人是殺人後入黨的，有2萬多人是入黨後殺人的，還有與殺人有牽連的1萬9000多人。單從這一省的統計，就有近5萬共產黨員參與了殺人事件。

文革中，對「打人」也要進行階級分析：好人打壞人活該；

壞人打好人光榮;好人打好人誤會。毛澤東當年講的這句話在肆虐一時的造反運動中廣為流傳。既然對階級敵人的暴力是他們「活該」,那麼暴力和殺戮也就廣泛傳播開去。

1967 年 8 月 13 日到 10 月 7 日,湖南道縣人民武裝部的基層民兵屠殺「湘江風雷」組織成員及黑五類。歷時 66 天涉及 10 個區,36 個公社,468 個大隊,2778 戶,共 4519 人。全地區 10 個縣共死 9093 人,其中「地富反壞」占 38%,地富子女占 44%。被殺人中,年紀最大的 78 歲,最小的才 10 天。這僅僅是文革暴行中,一個地區的一個事件。在 1968 年初「革委會」成立後的清查階級隊伍運動中,內蒙古清查「內人黨」製造了 35 萬餘人被殺的血案。1968 年在廣西有數萬人參與了對「四‧二二」群眾團體的武裝大屠殺,死人 11 萬。

由此可見文革中的暴力屠殺首案、大案全是國家機器的行為,是共產黨領導人縱容和利用暴力迫害殘殺百姓。直接指揮和執行這些屠殺的凶手多是軍隊、警察、武裝民兵和黨團骨幹。如果說,土改是為了土地而依靠農民打地主,工商改造是為了資產而依靠工人打資本家,反右是為了讓知識分子緘口,那麼文化革命中這種你鬥我,我鬥你,並無哪個階級是可依靠的,即便你是共產黨依靠過的工人農民,只要觀點不一致,就可以殺你。這究竟是為了什麼?

這就是為了造就共產黨一教統天下的大勢。不光統治國家,還要統治每一個人的思想。文化革命使共產黨、毛澤東的「造神」運動登峰造極。一定要以毛澤東的理論獨裁一切,置一人之思想於億萬人腦中。空前絕後的是文化大革命不規定有什麼事情是不能做的,而是「什麼可以做,要怎樣去做,而除此之外什麼都不

能做、不能想」。文革中,全國人民實行著宗教崇拜一樣的「早請示,晚匯報」,每天數次敬祝毛主席萬壽無疆,早晚兩次政治禱告。認字的人幾乎人人寫過自我批評和思想匯報。言必稱語錄,「狠鬥私字一閃念」,「理解要執行,不理解也要執行,在執行中加深理解」。文革中只允許崇拜一位「神」,只誦讀一本「經」——毛主席語錄。進而到不背語錄、不敬祝就無法在食堂買飯。買東西、坐汽車、打電話也要背一句毫不相干的語錄。人們在做這些事的時候,或狂熱興奮,或麻木不仁,已經完全被罩在共產黨的邪靈之下。製造謊言、容忍謊言、依靠謊言業已成為中國人生活的方式。

七、改革開放——暴虐未變與時俱進

文革是鮮血淋漓、怨魂飄零、棄絕良知、顛倒黑白的時代。文革以後城頭變換大王旗,共產黨及其領導下的政權,在 20 幾年裡交替更換了六代領導人。私有制又回到中國,城鄉差別加大,沙漠劇增,江河斷流,販毒賣淫有增無減。所有中國共產黨曾經提出要消滅的「罪惡」又被中國共產黨扶持起來。

共產黨的豺狼心、蛇蠍性、鬼魅行、禍國術有增無減。「六四」用坦克開進天安門廣場槍殺學生、對法輪功修煉者的殘暴迫害更是罄竹難書。2004 年 10 月,為徵用農民土地,陝西省榆林市政府出動 1600 多名防暴警察抓捕槍傷 50 多名農民。現在的中國政治統治還是基於共產黨的鬥爭哲學與暴力崇拜。唯一不同的,是更加具有欺騙性。

法律:由於共產黨政權不斷的人為製造鬥爭,把大批的人打

成反革命分子、反社會主義分子、壞分子及邪教徒，共產黨獨裁專制集團和各種人民團體之間產生了尖銳衝突。共產黨則在「維護秩序，穩定社會」的幌子下，不斷的修改「法律」和「條令」，把人民的不滿行為納入反革命行為加以鎮壓。1999 年 7 月，江澤民在政治局多數人反對的情況下做出私人決定，要在 3 個月內消滅法輪功，一時間謠言鋪天蓋地而來。江澤民個人對法國某家媒體宣布法輪功是「邪教」後，官方媒體趕緊發表文章對全國各界施加壓力，並脅迫全國人民代表大會通過一個不倫不類的「決定」來處理邪教，隨後最高法院和最高檢察院發了一個對人大「決定」的「解釋」。1999 年 7 月 22 日，新華社發布中共中央組織部負責人、中共中央宣傳部負責人等的講話，公開支持江澤民迫害法輪功。從而使得廣大人民群眾捲入了這場人神為之震怒的迫害之中，因為是「（黨）中央」定性了的，他們只能擁護執行，根本不敢提出異議。5 年來國家機構動用了四分之一的財力來鎮壓法輪功。全國人民人人過關，凡承認修煉法輪功而不肯放棄的人很多被開除公職，關押勞改。他們並沒有違犯法律，也沒有叛國反對政府，只因為相信真善忍就有成千上萬人被關押。雖然中共重重封鎖消息，透過親屬核實知道被殺害的人已有 1100 多人，不知道的人數更多。

新聞：據香港《文匯報》2004 年 10 月 15 日報導，中國第二十顆科學試驗衛星返回地球，砸毀四川省大英縣蓬萊鎮霍積玉的房屋。報導援引了大英縣政府辦公室主任艾裕慶的話說，「這個『黑砣砣』的確是科學衛星的返回艙」，而他本人就是衛星回收的現場副總指揮。但新華社辦的新華網只發了衛星返回的時間，並強調這是中國回收的第二十顆科學與技術試驗衛星，卻隻字未

提衛星砸毀民房的事實。這類報喜不報憂的手法是新聞媒介根據共產黨的指示而採用的一貫作法。在歷次運動中，報紙和電視推波助瀾、造謠傳謠才能使得共產黨的方針政策得以實施。共產黨一聲令下，全國媒體立即執行。黨要反右，全國各報異口同聲地報導右派的罪惡。黨要辦人民公社，全國各報則齊聲讚美人民公社的優越。在鎮壓法輪功的第一個月內，媒體每天在黃金時間段一遍又一遍地給全國人民洗腦。自此以後江澤民動用一切大眾傳播媒體不斷編造、宣傳，使民眾仇恨法輪功的「自殺」、「殺人」等假新聞、假事件。其中導演的「天安門自焚」假案，被國際教育發展組織指責為政府帶頭欺騙民眾的行為。在這5年裡，中國國內沒有一份報紙，沒有一個電視台報導過法輪功的真實情況。

人們對新聞報導做假已見怪不怪。新華社資深記者自己也說：「新華社的報導那怎麼能相信呢？」民間更是把中國的新聞機構形容為共產黨的一條狗。有民謠唱道：「它是黨的一條狗，守在黨的大門口。讓它咬誰就咬誰，讓咬幾口咬幾口。」

教育：教育是用來統治人民的另一副枷鎖。教育本是用來培養知識分子的。而知識是由「知」和「識」兩部分構成。「知」指信息、資料、對傳統文化及時事的瞭解；「識」指對所知的東西進行分析、研究、批判、再創造，即產生精神的過程。有知無識是書獃子，而不是真正被稱為是社會良心的知識分子。這就是為什麼中國歷來崇尚「有識之士」而不是「有知之士」的原因。在共產黨的統治下，中國知識分子有知無識者、有知不敢識者比比皆是。學校對學生的培養也是要他們知其不可為而不為之。一直以來，學校都設置有政治課、黨史，並沿用統一教材。教師並不相信教科書上的一些內容，但迫於「紀律」大講違心之話。學

生也並不相信教科書和老師講的內容，但是還得死記硬背，以應付考試。在中學生、大學生期末考試，升學考試的試題中就出現過批判法輪功的題目，背不出標準答案的學生則無法得到高分進入好的高校。如果學生說真話，則馬上開除學籍，取消升學資格。

在民眾教育中，由於報紙、文件的影響，有許多耳熟能詳、家喻戶曉的話，例如「凡是敵人反對的我們就要擁護，凡是敵人擁護的我們就要反對」等語錄作為「真理」流毒甚廣，潛移默化，替代了人們的向善之心及以和為貴的倫理道德。2004 年中國諮詢中心統計分析了大陸新浪網進行的一項調查，分析結果有 82.6% 的中國青年贊同在戰爭中虐待婦孺和戰俘。這個結果出人意料，但也反映了中國民眾，尤其是青年一代對傳統文化的仁政、人性缺乏最起碼的了解。2004 年 9 月 11 日，蘇州一歹徒狂砍 28 名兒童。9 月 20 日，山東一男子在一所小學砍傷 25 名小學生。更有小學為了「創收」，讓教師強迫小學生手工製造鞭炮為學校集資，而造成爆炸傷人的事件。

貫徹執行政策：在共產黨的領導下，政策的執行往往採用了強迫、威嚇的手段。政治標語就是這種手段之一。長期以來，共產黨政權把貼標語的數量列為政績的一個標準。在文革期間，北京城一夜之間變成布滿標語的「紅海洋」。「打倒黨內走資本主義道路的當權派」比比皆是。到了鄉村，則簡寫為「打倒當權派」。為了宣傳《森林法》，林業局各林業站、護林辦公室下達必須貼夠若干標語的硬性指標，貼不夠就沒有完成任務。結果，基層的政府單位就貼出大量的標語如「誰燒山，誰坐牢」。在中國近年的計畫生育運動中，更有大量聳人聽聞的標語如「一人超生，全村結紮」、「寧添一座墳，不添一個人」、「該紮不紮，

房倒屋塌；該流不流，收田牽牛」。更有違反人權，違反憲法的標語如「今天不交稅，明天牢裡睡」。標語在本質上是一種傳播手段。它的傳播更具有直觀性和重複性，因而常被中國政府用來表示政治動向、意志和號召。政治標語也可以被看作是政府對人民講的話，而在這些宣傳政策的標語中不難看出它們所帶有的暴力傾向和血腥氣息。

八、全國洗腦，畫地為牢

中共最厲害的暴政統治工具是網羅式控制。以組織的形式，把犬儒主義加到每個個體身上。它不在乎前後矛盾，出爾反爾，就是要以組織的形式剝奪個人與生俱來的做人權利。政府統治的觸角無處不在。無論城鄉，人民都要由街道委員會或鄉委會管理。一直到近期，就是結婚，離婚，生孩子，都要通過它們的同意。黨的意識形態、思想體系、組織方式、社會結構、宣傳機制、運作體系都為這種強權統治服務。黨要通過政府體系來控制每一個人的想法及每一個人的行動。

共產黨控制的殘酷性不僅僅在於肉體上的折磨，而是使人逐漸變成沒有獨立見解，或有獨立見解，卻不敢放言，以保平安的懦夫。它的統治目的在於給人人洗腦，讓他們想共產黨所想，言共產黨所言，行共產黨所倡導的事。人講：「黨的政策像月亮，初一十五不一樣」。但是不管共產黨怎樣變來變去，全國人民都要緊跟不捨。當你作為被依靠的力量去打擊別人時，要感謝共產黨的「知遇之恩」。當你受到打擊時，要感謝共產黨的「教育」之恩。當你知道打擊你是錯誤的，要給你平反時，又要感謝共產

黨的「寬宏大度、知錯能改」。共產黨的暴政就是在不斷的打擊
與平反中得以實施的。

經過 55 年的暴虐統治，全國人民的思想已經是被「畫地為
牢」，禁錮在共產黨所允許的思想範圍之內。出格一步就是罪。
通過反覆多次的鬥爭，愚昧被讚揚為智慧，怯懦已成為生存之道。
在互聯網成為信息交流主要載體的現代信息社會，老百姓連上網
時都被要求自律，不去看外面的新聞，不去看有「人權，民主」
字樣的網站。

共產黨的洗腦運動是如此荒唐，如此殘暴，如此卑鄙，如此
無所不在。它改變了中國社會的價值取向和倫理道德，徹底改寫
了中華民族的行為準則和生活方式。並不斷用肉體和精神的摧殘
加固共產黨一教統天下的絕對權威。

結語

綜上所述，為什麼共產黨要年年鬥、月月鬥、日日鬥，生命
不息、鬥爭不止。為達到這一目的不惜殺人、不惜破壞生態環境、
不惜讓中國大部分農民及城市居民長期生存在貧困之中呢？

這是為了共產主義的理想嗎？不是。共產主義的原則之一是
剷除一切私有制，因為它認為私有制是一切罪惡的根源。共產黨
在奪取政權的初期也曾試圖全面剷除私有制。改革開放以來，私
有制已經回到中國。憲法也規定保護私有財產。脫開共產黨的障
眼法，人們就能看清，55 年來，共產黨的統治不過是導演了一出
財產再分配的人間鬧劇，走了幾個回合，最終把別人的資產變成
了自己的私有財產而已。共產黨的另一原則表明它是「工人階級

的先鋒隊」，它的任務是消滅資產階級。但現在，共產黨的黨章中已明文規定資本家可以入黨。共產黨內部已無人再相信共產黨和共產主義。「名不正則言不順」，共產黨如今只剩下一張皮，已無實質可言。

那麼，這樣的長期鬥爭是為了保護黨的隊伍清廉純潔嗎？不是。共產黨執政 55 年，如今全國上下共產黨的幹部貪污受賄、妄行不法、誤國害民，層出不窮。中國有大約兩千萬黨政官員，近年來已查出有八百萬官員因腐敗犯罪被懲處。中國每年更有近一百萬人上訪狀告那些還沒有被查出的腐敗分子。僅 2004 年 1 月至 9 月，中國國家外匯管理局對 35 家銀行和 41 家企業的違規辦理結匯業務進行立案查處，就查出違規結匯金額達 1.2 億美元。據統計，近年來有不下 4000 名卷款私逃的共產黨政府幹部，偷盜的國家公款高達數百億美元。

那麼，這樣的鬥爭是為了提高人民的素質和覺悟，讓大家關心國家大事嗎？也不是。如今的中國物慾橫流、人心不古、騙親宰熟，俯仰皆是。許多中國人對大是大非的問題不知不言或知而不言，不講真心話成了在中國平安生存下去的最基本素養。與此同時，民族主義的情緒一次又一次因空穴來風般的原因被煽動起來。中國人可以由政府組織到美國駐中國大使館去扔石頭，放火燒美國國旗。要麼當「順民」要麼當「暴民」，就是不能做有人權保證的公民。文化修養是提高素質的根本。中國立國數千年，孔孟之道給人們設定了禮儀綱紀。「如一棄之，則人皆無主，是非不知所定，進退不知所守……是大亂之道也。」

共產黨的鬥爭哲學就是為了製造大亂，且動亂不斷，由此樹立「一黨天下」的教主地位。讓一個黨的思想統治全國人民，而

政府機構、軍隊、報紙、電台都是共產黨施行暴政的工具。共產黨給中國帶來的危害已是病入膏肓，它已在瀕臨消亡的邊緣，它的解體已是不可避免了。

有人認為共產黨政權的解體會使天下大亂，擔心誰能代替共產黨來統治中國。在中國五千年歷史長河中，共產黨55年的統治不過是過眼煙雲。在這短暫的55年中，傳統的信仰和價值觀被共產黨強力破壞；原有的倫理觀念和社會體系被強制解體；人與人之間的關愛與和諧被扭曲成鬥爭與仇恨；對天、地、自然的敬畏與珍惜變成妄自尊大的「人定勝天」。由此帶來的社會道德體系和生態體系的全面崩潰，使整個中華民族都陷入深重的危機。

縱觀中國歷史，歷代仁政都把「愛民」、「富民」、「教民」視之為政府的基本職責。人有向善的本能，而政府有職責幫助人民實現這種本能。孟子曰：「民之為道也，有恆產者有恆心，無恆產者無恆心。」（《孟子·滕文公上》）不富而教是不現實的，不愛民而濫殺無辜則謂之暴虐。在上下五千年的中國歷史中，不乏仁政的實施者：古有堯舜、周具文武、漢出文景、唐盛貞觀、清泰康乾。這些朝代的鼎盛無一不是「行王道」、「持中庸」、「求平衡」。仁政的特點在於選賢用能、廣開言路、講義求睦、博施於民而能濟眾。老百姓因此能夠循禮守法，安居樂業。

觀天下之勢，興亡誰人定，盛衰豈無憑。在沒有共產黨的日子裡，必能還人間一股祥和氣，使百姓真誠、善良、謙遜、忍讓。讓國家俯首農桑、百業興旺。

第七章

孫政才牽扯的血案與貪腐淫亂

孫政才落馬，牽出許多大事大案：把轉基因主糧引入中共國，就是孫政才的「傑作」，孫政才主政吉林、重慶，為江派迫害法輪功賣力效勞；其妻胡穎涉嫌放走民生銀行原董事長董文標逃亡海外；孫私生活糜爛，情婦、私子眾多……

2017 年 7 月 24 日，中共中央、中紀委宣布對涉嫌「嚴重違紀」的原重慶市委書記孫政才立案審查，但未提及具體罪名。（Getty Images）

第一節

引入轉基因主糧及受賄

2009 年 11 月，中國成為世界上第一個給主糧頒發轉基因安全證的國家。這份官方文件表明，拿國人生命健康不當回事的時任農業部長是孫政才。（新紀元合成圖）

2017 年 7 月 24 日，中共中央、中紀委宣布對涉嫌「嚴重違紀」的原重慶市委書記孫政才立案審查，但未提及具體罪名。此前一段時間，官場和坊間盛傳孫政才是由原重慶副市長、公安局長何挺交代而被牽出。

二人向中紀委大力檢舉

《大紀元》獲悉，孫政才的落馬與兩個人向中紀委提供大量檢舉孫的證據有關。其中一人是同期被控罪的前吉林省、遼寧省「一把手」王珉。當年王珉離開吉林轉赴遼寧，接替他職務的正是孫政才。

另外一人是吉林銀行大股東、蘇州光華集團總裁許華。當年，王珉從蘇州轉赴吉林先後擔任省長和省委書記，眾多江蘇民企也

隨王進入吉林投資獲利。蘇州市光華集團是其中之一。光華集團在吉林不僅開發了大批地產項目，也在多個領域飛速擴張，包括參股吉林銀行，在吉林的農業、基礎設施建設等領域均有斬獲。王珉落馬後，也傳出許華被有關部門帶走的消息。

王珉被檢控三宗罪之一的貪污，指的是他利用擔任吉林省委書記職務上的便利，侵吞公款人民幣100萬元用於支付個人費用，檢方也特別點出具體時間是2009年11月。

2009年11月這個時間點，正是王珉與孫政才就省委書記職務交接，王珉已要轉任遼寧，還不忘在吉林再撈一筆，而100萬元不是一個小數目，帳目如何做得滴水不漏？繼任的孫政才當時發現還是沒發現？

但這些已不重要，其實不論是貪污公款100萬元，還是受賄金額人民幣1.46億元，都比不上人命關天。

2009年11月交棒孫政才之前，王珉從2004年10月起歷任吉林代省長、省長、省委書記期間，短短五年，吉林省至少有121名法輪功學員被迫害致死。

據明慧網報導，長春市警察曾說過這樣的話：「省委書記王珉對法輪功問題很重視」，至於所謂的「重視」程度，2007年一位官員披露：「所有被綁架的法輪功學員名單，都掐在省委書記王珉手裡，王珉說，誰放走一個人誰負責。」這樣的陳述若在法庭上，王珉絕對要為主政吉林五年期間121名被虐死的人命負責。

孫政才2009年11月繼任王珉後，才上任一年，2010年當年省內就發生了至少29起致死案例，被迫害離世的法輪功學員，包括曾經在長春有線電視網插播法輪功真相的梁振興，以及高智晟律師採訪過的孫淑香。至孫政才離任的2012年，據統計，吉

林省各地各種迫害有增無減。

離開吉林省之後，王珉、孫政才分別調往遼寧、重慶，看似更上一層樓，殊不知卻是其官場生涯告終的開始。

分任吉林省一把手的王珉和孫政才兩人，仕途關鍵點也都在同一年。王珉2002年8月當上江蘇省委常委，兩年後調升吉林省。孫政才2002年5月當上北京市委常委，此後一路升遷。

孫政才這次出事後，輿論重提一個流行多年的說法，即他當年應該被差額掉卻意外當選，但那時中組部完全沒有調查或過問。其實現在或許可以重新解讀，孫政才當年不但不是「陪選」的角色，而且其當上北京市委常委的後台，正是時任中組部長曾慶紅。

2002年時值中共十六大，因為鎮壓法輪功，北京街頭「簡直就像第二次文化大革命」。江澤民、曾慶紅選人標準也是「有罪才有位」，為了維持迫害及不被清算迫害血債，江曾只提拔在法輪功問題上有血債的人執掌實權。

孫政才的農業部轉基因問題

2009年9月，時任農業部長的孫政才訪問美國農業部，然後被孟山都公司的專機接到總部所在地密蘇裡州接受非常豪華的招待。隨後，還被安排飛往康奈爾大學看望其在此留學的孩子。據稱，該大學學費每年五萬美元，加上生活費每年二萬美元，每年至少要七萬美元，孫政才當時的薪水收入如何能供應？

近年坊間關於孫政才的諸多議論，涉及他任農業部長時在轉基因方面的曖昧利益，有外商外企的，還有國內產學的。

據報導，2008 年啟動的轉基因生物新品種培育重大專項，預計在若干年內投資 200 億元用於轉基因研究。而由農業部牽頭組織實施的「轉基因生物新品種培育」重大課題，其主要負責人是中國農業大學的明星教授李寧。然而 2014 年，李寧曾因虛假套取轉基因專項資金被捕，媒體並以「轉基因變成轉基金」形容李寧的貪得無厭。

另據陸媒披露的檢索資料可以發現，李寧拿到國家級重大項目最多、擔任重大項目主要工程師最頻的時間，是從 2006 年到2011 年。此一時期正是孫政才主政農業部。中國農業大學內部信息顯示，孫政才 2008 年 1 月時，曾以農業部及其個人名義發賀信，對象是農大兩名教授，其中一名就是 2007 年當選中國工程院院士的李寧。

李寧「轉基因變成轉基金」東窗事發後，被曝名下至少四家公司，用來接收轉基因經費花不完的鉅款，輿論稱是「反腐風暴颳向科研」，轉基因研究的兩大支持系統，除農業部外，還有中科院。有報導指出，在轉基因研究領域成為領軍人物的李寧，其重要支持者是中科院副院長李家洋。李家洋的後台有安徽農業大學（原農學院）的校友江澤慧，以及交情匪淺的同事、中科院實權人物江綿恆。

據報導，農業部為各類轉基因農作物頒發安全證書，始於江澤民主政時的 1996 年。而農業部長孫政才的前任杜青林，被認為是轉基因的首要推手，在其治下，2004 年以推廣轉基因技術為主的美國孟山都公司開始有計畫地打入中國。

2009 年 11 月，農業部批准了兩種轉基因水稻、一種轉基因玉米的安全證書，中國成為世界上第一個給主糧頒發轉基因安全

證的國家——在沒有長期動物實驗的前提下中國人成了實驗品。而這份官方文件表明，拿國人生命健康不當回事的時任農業部長是孫政才。

第二節

孫政才吉林牽扯的血案

前後兩任吉林省「一把手」的王珉（右）和孫政才（左），都積極追隨江澤民迫害法輪功而被提拔上位；在吉林省之後，兩人也同樣都走到官場生涯告終的一站。（新紀元合成圖）

孫政才屬於迫害法輪功的血債幫

王珉、孫政才與周永康、薄熙來等人一樣，是江澤民執政時期、迫害法輪功後，以參與迫害來論功行賞的選官標準所應運而生的「血債幫」一員。而習王反腐大數據也證明「血債幫」都是貪腐之輩。

香港《明報》引述政情人士消息稱，孫政才雖有「N姓家奴」之稱，但實際上是「江派」人馬。王珉從政的軌跡，包括蘇州、江蘇、吉林和遼寧，都是江派的重要窩點。

迫害法輪功 吉林省逾 1200 人遭厄運

根據明慧網的不完全統計數據，《大紀元》整理出 1999 年

至 2016 年，吉林省參與迫害法輪功遭厄運的人數超過 1200 人，包括省委副書記、政法委書記、公安局局長等。其中，直接參與迫害的公安系統人數最多，超過 500 人，占四成以上。他們有的離奇暴死，有的車禍身亡，有的罹患癌症，有的被捕入獄，還有的禍及家人慘死或招致其他厄運⋯⋯

不過，算上 2017 年 7 月落馬的孫政才，這些惡人都遭到了天理的懲罰。以下是明慧網報導的部分案例：

公安系統遭報案例

徐玉慶，吉林省松原市扶餘縣公安局副局長，曾帶領二十幾人去北京抓捕進京上訪的法輪功學員。不到一年後，車禍身亡。

田中林，長春市副市長兼公安局局長。他在任期間恰恰是長春市法輪功學員被迫害致死、致殘，被拘留、勞教、判刑最高峰時期。田 2005 年被免職，還株連五名親人死亡，兩名親人患病。

劉陪柱，吉林市公安局長、吉林市副市長、吉林市政法委書記，指使迫害和抓捕了幾十名法輪功學員。罹患惡疾。

朴旭東，原延吉市公安局長，曾非法抓捕多名法輪功學員。2004 年，死於腎壞死、尿毒癥。

張福禮，原白山市公安局副局長、「610」負責人，曾親自組織、策劃、抓捕迫害白山市法輪功學員 50 多人次，非法勞教 30 多人，其中九人被迫害致死。張 2008 年猝死家中。其妻患帕金森綜合症。

辛河，舒蘭市公安局副局長，曾非法入室綁架法輪功學員數十幾人，多人勞教或被關押在看守所。辛株連了親人，其父 2003

年癌症死亡，妻患乳腺癌。

　　魯繼春，松原市長山公安分局副局長，長期迫害法輪功學員。
2008 年 7 月，患胰腺癌死亡。

　　谷憲鬥，白山市撫松縣公安局長，參與迫害法輪功，並藉此
非法斂財。2001 年因犯命案在逃。兒子離婚，妻子死亡。

　　孫立東，長春市寬城區公安分局刑警大隊長，曾帶領手下綁
架法輪功學員近百人，為了多抓捕法輪功學員，連續一個月不回
家，是打死法輪功學員劉海波的直接責任人。2004 年，孫在辦公
室暴死。

　　刁庭仁，白山市撫松縣露水河鎮公安局長，曾命手下警察挨
家挨戶到法輪功學員家中逼迫寫所謂的「保證書」，強迫放棄信
仰，多次非法斂財。刁患腦血栓，其妻腦出血。

　　王永豐，長春市公安局網監支隊長，曾親自指揮綁架耿廣祖、
劉敏、徐立巖三名在網吧上網的法輪功學員。王永豐女婿（民航
飛行員，年薪 28 萬）突患腦出血死亡，女兒精神失常。

　　許曉峰，延吉市公安局國保大隊長，近三年來參與 552 宗迫
害包括法輪功在內的有關宗教信仰人士的案件，參與八宗較大的
法輪功迫害案件，參與破壞大法真相資料點 26 處，並非法抓捕
卜鳳英、劉春立等 35 名流離失所的法輪功學員。許曉峰的母親
被車撞死。

　　肖彬，延吉市公安局國保大隊副大隊長，積極參與迫害法輪
功。2002 年，摔斷三根肋骨，現疾病纏身。

　　張慶春，德惠市公安局國保大隊長，經其手綁架的法輪功學
員達數百人；被非法判刑、非法勞教的法輪功學員超過百人。張
被直腸癌折磨了近五年，2013 年 12 月死亡，時年 55 歲。

劉尚寬，原農安縣國保大隊政保科長，至少近 150 多人次法輪功學員先後被其非法送勞教，非法罰款約 70 多萬元。2013 年，劉死於肺癌。

姚榮慶，原琿春市公安局政保科長，參與迫害法輪功。後被貶職。原身體健康的父母突然先後去世。

鄭煥明，琿春林業公安局國保大隊長，積極參與迫害法輪功學員，致使該單位一名法輪功學員被綁架並非法勞教一年。2009 年，鄭被判刑入獄。

杜克琴，八家子森林公安局河北派出所長，多次參與迫害當地法輪功學員。2008 年奧運前夕，配合公安局國保大隊綁架四名法輪功學員，其中兩人被非法勞教兩年，一人被送進精神病院迫害。2013 年，杜患肺癌，2014 年 8 月上吊自殺。

李雲慶，吉林市昌邑區雙吉派出所長，積極參與迫害，連累親人，兩兄弟先後出車禍，一死一傷。

周建，舒蘭市天德鄉派出所長，到處抓捕法輪功學員，並對法輪功學員進行肉體摧殘和家庭經勒索。2004 年本人車禍身亡，連累親人三死四傷。

宋振平，原東豐縣東風路派出所長，現任沙河鎮警署署長，參與迫害法輪功學員。2004 年，其投資的專線小客車發生重大交通事故，本人賠了 100 多萬；連累親人重病住院。

常岳，吉林市豐滿區公安分局松花湖水上派出所長，曾多次參與迫害法輪功學員。本人雙腳筋被人挑斷。

孫立民，琿春市第二派出所長，積極參與迫害法輪功。株連女兒被分屍死亡。

馬力，大安市安廣鎮公安分局指導員，多次參與抓捕、跟蹤、

打罵法輪功學員。2010 年 11 月被車輾死，死狀極慘。

謝雲波，德惠市看守所副所長，積極參與迫害，曾當著被非法關押的法輪功學員的面將法輪功創始人的相片扔在腳下踩踏。2002 年 5 月暴死。

崔松哲，圖們市看守所副所長。2001 年 9 月，崔松哲對被非法關押的三名法輪功女學員進行殘忍的酷刑折磨，吊銬十八九個小時，導致其中一年長者因長期懸吊而昏死過去約一個小時 。2009 年，崔松哲夫妻遇車禍，車子起火，被雙雙燒死。

李剛，輝南縣朝陽鎮興工街派出所副所長，參與了多起綁架法輪功學員。2009 年，墜樓身亡。

常紅，四平市鐵西區公安分局警察，積極迫害法輪功。2011 年跳湖自殺身亡。女兒患自閉症。

房衛東，遼源市向陽分局警察，參與迫害法輪功。妻子開出租車遇害身亡。

李國慶，通化市團結派出所民警，積極參與綁架法輪功學員，經常騷擾法輪功學員和蹲坑。2008 年因心梗死亡。株連妻子事業，父親患病，兒子沒工作。

張慶山，農安縣前崗鄉派出所警察，多次恐嚇、威脅、逼迫法輪功學員寫保證書強迫放棄信仰。2000 年，被人連砍 34 刀身亡。

高勇，榆樹市拘留所警察，經常狠毒地打罵法輪功學員。2005 年，連累父母雙雙被燒死。

郭樹清，榆樹市國保大隊警察，多次綁架、抄家、刑訊逼供迫害法輪功學員。2008 年，其子車禍身亡。

劉寶鋒，榆樹市站前派出所警察，積極參與迫害法輪功，對

他們無故騷擾、蹲坑、綁架、非法抄家等。2008 年離婚。其父患腦梗；母癌症死亡。

田雨敬，白城市國保大隊警察，一直積極參與迫害法輪功學員。本人離婚。父母先後去世。

張寶玉，汪清縣仲安看守所民警，積極參與迫害法輪功。2007 年，其妻患癌。

張青山，原農安縣前崗派出所警察，參與迫害。2000 年前，曾把法輪功學員打得頭破血流。2000 年，被村民連砍 37 刀致死。

「610」系統遭報案例

張林山，長春市一汽「610」頭目，1999 年中共迫害法輪功之初，不聽勸阻，常常誣衊法輪大法創始人。2002 年，死於肝癌，時年 40 多歲。

徐文華，延邊地區安圖縣白河林業局「610」辦公室書記，要求不准提前釋放被非法勞教的法輪功學員。後患心肌梗塞。其兒子受牽連，一隻眼睛失明，另一隻眼睛也難保。

劉金偉，洮南市「610」頭目，積極參與迫害。至少有 30 多名法輪功學員被其勞教、判刑。2004 年，劉患淋巴癌，2005 年 8 月死亡。

李文生，東豐縣「610」主任，奧運期間參與綁架迫害法輪功學員。本人患股骨頭壞死。妻子突發腦出血死亡，年僅 51 歲。

馬力，長嶺縣公安局「610」辦公室頭目，使三四十名法輪功學員被綁架、抄家、勞教或罰款，多次辦洗腦班，強迫放棄信仰。馬力現肺癌晚期，生不如死。

欒華，公主嶺市「610」辦公室副主任，積極參與迫害法輪功。至少迫害致死八名法輪功學員，參與非法拘留、勞教、判刑、洗腦迫害法輪功學員達數百人次。2008 年其跳樓身亡，時年 45 歲。

商霞，延邊州「610」文書，參與並整理了大量關於誣衊法輪功的有關材料；並多次參與洗腦班的「轉化」迫害。後得腸癌，已轉移到肝、肺，現生命垂危。

徐大勇，梨樹縣「610」成員，用電棍電擊並毆打法輪功學員，對梨樹縣法輪功學員蹲坑、跟蹤，致使多人被捕、流離失所。2008 年元旦，徐中毒死亡。

李德昌，蛟河市松江鎮「610」辦公室主任。在任期間，多名法輪功學員被拘留、關進洗腦班、勞教和非法判刑。2008 年，其患肺癌死亡。

邵奇，榆樹市育民鄉「610」頭目，曾經將法輪功學員姜玉蘭強行綁架到長春洗腦班，在洗腦班不收的情況下，邵奇託人強行往裡送。2005 年 8 月，邵暴死家中。

陳寶山、王志純，伊通縣靠山鎮「610」辦公室成員，均積極參與迫害。陳寶山死於不治之症，王志純患腦血栓。

政法委系統遭報案例

劉元俊，原長春市紀檢書記、政法委書記。2002 年 3 月 5 日長春市法輪功學員電視插播法輪功真相後，劉追隨江澤民「殺無赦」指示，不到 10 天時間內非法抓捕 5000 多人，致多人被非法判重刑、迫害致死。2006 年 5 月，劉元俊因肝癌死亡。

王世宜、周淑雲，夫妻二人分別為原通化市政法委書記、民

主街道辦事處主任，對法輪功學員多次非法抄家、勞教、強行抓到洗腦班等。2001 年 2 月，其子上學途中車禍身亡。

郝壯，蛟河市政法委書記、公安局長，名字被收入明慧網「惡人榜」。1999 年至 2014 年，蛟河市法輪功學員被非法判刑 21 人，勞教 54 人，拘留 25 人，送洗腦班 66 人。2015 年，郝墜樓身亡。

金寶炎，遼源市政法委副書記。2006 至 2008 年，擔任公安局國保大隊長，期間迫害多位法輪功學員。2011 年，其妻患鼻竇癌。

李雲鵬，永吉縣副縣長兼政法委書記，積極迫害法輪功學員。涉黑被捕。

于浩洋，原農安縣政法委副書記兼「610」辦公室頭目，積極參與迫害。後被免職，患直腸癌。

王舒涵，長春市雙陽區政法委副書記，經其判刑勞教的法輪功學員至少達數十人。2010 年 6 月車禍身亡。

李相庫，磐石市政法委幹部，1999 至 2003 年，擔任第一任「610」辦公室主任，非法關押、刑訊、綁架、勞教數十名法輪功學員。2002 年 10 月，綁架近 30 名法輪功學員。2007 年 7 月其車禍身亡，死狀極慘。

法院系統遭報案例

王海琦，原琿春市法院院長、琿春市政法委書記，致多名法輪功學員被非法判刑、勞教。王 2007 年被捕。

方雲海，榆樹市法院副院長，多次冤判法輪功學員。迫害初期，在榆樹「610」任職，幾次在電視上誣蔑法輪功。2010 年，

株連兒子死亡。

佟華，敦化市法院刑事審判庭庭長，參與謀劃、非法審判多名法輪功學員。2007 年其受賄被捕。

黃利民，敦化市法院法警大隊長，參與迫害法輪功。後因受賄被捕。

張輝，長春市中級法院刑事一庭庭長，曾非法審判長春 2002 年 3 月 5 日電視插播真相的法輪功學員。2006 年 3 月張突發腦溢血死亡。

董訓喜，德惠市法院刑事庭副庭長，曾多次參與非法審判法輪功學員。2010 年，腿上突發重症長疱，不治而亡。

劉學軍，白城市洮北區法院院長，涉嫌非法審判多名法輪功學員。劉 2015 年 1 月被捕。

檢察院系統遭報案例

毛少夫，通化市前任公安局副局長，現任檢察院副院長，嚴酷迫害法輪功。2002 年 11 月，其妻車禍，開顱手術。

蘭文德，通化地區某縣檢察院監所檢察科科員，常駐看守所。在看守所誣衊法輪功和學員。2002 年因肺癌死亡。

柴玉峰，榆樹市檢察院副檢察長兼反貪局長，經辦多起批捕法輪功案。2008 年 8 月因肺癌死亡。

省級、市級官員遭報案例

田學仁，吉林省委副書記、常務副省長，多次指使公、檢、

法、司和「610」人員迫害法輪功，致死致殘數百人，非法判刑、勞教數千人。2013 年，被判無期徒刑，沒收全部財產。

楊慶才，吉林省副省長，緊隨江澤民，極端仇視法輪功。頻頻到遼源、白城、四平、吉林市等地參與迫害，侮辱和攻擊法輪功，並多次命令全省各地官員毆打、辱罵和強行轉化法輪功學員。2008 年，楊慶才被「雙規」。

于興昌，原吉林省教育廳副廳長，2001 至 2009 年在任期間親自指揮對法輪功學員的迫害，導致吉林省教育系統眾多修煉法輪功的高級知識分子被非法判刑、勞教、開除公職，強行綁架到洗腦班、強迫寫下放棄信仰的所謂「保證書」等，多名老師和學生被殘酷迫害致死。2010 年，于興昌被判無期徒刑，沒收全部財產。

李述，原長春市長、市人大主任，在任期間，積極迫害法輪功。2008 年，被中紀委和吉林省檢察院辦案人員抓捕，途中跳車逃亡。

米鳳君，原吉林省人大副主任，長春市委書記，積極參與迫害法輪功。2009 年 3 月被查處，2010 年 5 月 28 日被判死緩。後跳樓身亡。

田忠，長春市委副書記，積極參與迫害法輪功。已被「雙規」。

許景山，原公主嶺市委書記，在任期間執行「610」的指令，瘋狂迫害法輪功學員。僅公主嶺市非法勞教 30 多人，迫害致死 1 人。2003 年，許被關押在看守所，等待判刑。

張洪仁，原梅河口市長，殘酷迫害梅河口市的法輪功學員，先後將數十名法輪功學員抓進看守所，送進勞教所。2003 年 8 月，

車禍身亡。

于國華，原磐石市委書記，任職期間，組建「610」辦公室，指使各個單位領導，街道負責人和公安對法輪功學員進行迫害。2008 年，于被雙開，移交司法查處。

王純、李德才，原白山市委書記、市委副書記，二人出台了一系列文件，採用惡劣手段迫害法輪功學員。2002 年，王純被捕入獄；李被判刑。

田玉林，通化市原市委副書記、市長，積極參與迫害法輪功。2015 年，被判死緩，沒收全部財產。

尹秀亮、孫敬波，集安市委書記、副市長，積極迫害法輪功，經常布署各種迫害和非法抓捕法輪功學員的行動。2006 年，雙雙入獄。

徐鳳山，榆樹市人大常委會副主任兼市工會主席，曾參與（指使）抓捕法輪功學員上百人，致死致殘數十人。徐被判死緩；兒子死刑。

安莉，長春市委常委、統戰部長，對迫害法輪功學員不遺餘力。據不完全統計，經其下令綁架的教員、醫生、護士、大學生等法輪功學員數百人，數十人被迫害致死，而且大多數被判刑、勞教，輕者被開除、降職。其親自組織對長春市的大、中、小學生多次進行所謂的反 X 教萬人簽名活動，並且逼迫所有教師、學生、醫生、護士人人寫保證不修煉法輪功。2007 年，安莉被「雙規」。

許光石，延吉市人大副主任，參與「轉化」迫害法輪功學員，並參與編輯製作反法輪功教材、小冊子，組織各中、小學搞誹謗法輪功征簽活動。2007 年猝死，終年 53 歲。

方春日，原白山市長白縣縣長、副書記，在任副書記期間，主管縣政法工作，指揮參與長白縣對法輪功的誣陷、誹謗以及對法輪功學員的迫害。2007 年 12 月喝酒猝死，終年 45 歲。

鄉、鎮級官員遭報案例

隋成彬，長春市寬城區興隆山鎮黨委書記，非法抓捕、勞教、拘留法輪功學員數百人次，抄家罰款近百萬元。2001 年，隋被逮捕，並連累兩個哥哥一起被逮捕。

齊樹才，農安縣新劉家鎮黨委書記，參與迫害，將法輪功學員送拘留所。在法輪功學員被非法關押期間，齊樹才的兒子出車禍，其朋友當場死亡。

李景生，農安縣新劉家鎮鎮長，參與迫害，強行逼迫法輪功學員放棄信仰。一次在將一位法輪功學員強行送拘留所後不久，李景生車禍身亡。

都占林，農安縣新劉家鎮副鎮長，曾強行把法輪功學員送到了五公里拘留所。株連女兒，身患絕症。

韓隆山，原農安縣合隆鎮鎮長，參與綁架法輪功學員，非法抄家。現患腦血栓；女婿被殺害；外孫女得白血病。

張富祥，德惠市朝陽鄉原副鄉長，竭力迫害法輪功。2000 年車禍身亡；連累三名親屬失去生命。

夏光明，松原市洪泉鄉鄉長，誹謗法輪功，對當地法輪功學員實行嚴密監視。2003 年因車禍身亡。

劉雲波，原樂山鎮黨委副書記，參與抓捕法輪功修煉者，逼迫法輪功修煉者寫「三書」（不再修煉法輪功）、送拘留所、勞

教所。劉 2001 年落選；妻子得病。

各單位主要幹部遭報案例

朱麗華，通化市師範學院院長。通化市師範學院 1999 年以來賣力迫害法輪功，給煉法輪功的學生洗腦，送監獄。不煉法輪功的學生因為其家長煉功都被大會點名、小會批評，逼得學生無心讀書。2000 年，朱車禍身亡。

李雪松：原長春市土地局長，曾在電視上作偽證誣陷法輪功創始人有所謂「豪宅」。2001 年，被刑事拘留。

王坤，原《長春日報》報業集團總裁，多次在黨員幹部會上強調黨報機構幹部和黨員絕不允許煉法輪功。在她的授意下，《長春日報》、《長春晚報》大量刊登與轉載對法輪大法的誣陷造謠文章。2009 年，王死於癌症。

張弘，蛟河市林業局黨委副書記，迫害本單位多名法輪功學員，把他們開除、送洗腦班，讓全系統幾千名職工寫誹謗大法的文章。其本人兩次手術；2008 年，其丈夫車禍身亡。

王華力，通化市鐵路醫院院長，參與誣衊法輪功。2001 年因車禍身亡。

陸傑，通化市自來水公司總經理，參與迫害法輪功。該公司職工劉偉因煉法輪功被開除公職。2002 年，陸因貪污畏罪自殺。

魏舒婭，遼源市東遼縣廣播電視管理局副局長，參與造假新聞栽贓法輪功。2001 年中國新年假期車禍身亡，並連累 3 位親人死亡。

仁川安，前郭縣煉油廠黨委副書記，多次辦洗腦班迫害法輪

功學員。多人遭到迫害，有的被迫流離失所，有的被開除工職。2003 年，仁川安肝癌死亡。

卿三富，通化市傳染病醫院原黨委書記、副院長，多次逼本院法輪功學員寫保證，並組織全院黨團員批判法輪功，勾結警察將法輪功學員送進派出所。2001 年退休後死於肺癌。

傅萬才，吉林化纖集團有限責任公司董事長，在多種場合誣陷大法。法輪功學員不放棄修煉就被傅開除廠籍，8 人被其強行送入勞教所，退休法輪功學員如不放棄修煉則被停發勞保金，以開除、停發勞保金等手段威脅，實行「經濟上截斷」。傅 2004 年死於喉癌。

王秀林，吉林德大集團公司董事長，先後將數名法輪功學員開除工職、送拘留、送勞教。並在本公司小報上寫文章誣衊法輪功。禍及妻子、哥哥、弟弟等五名親人死亡。

孫繼海，蛟河市進修學校校長。1999 年至 2002 年任職期間，把單位內一名法輪功學員落聘。2001 年，單位另一名法輪功學員因講真相被非法關押在蛟河看守所，孫繼海卻拒絕出示證明保釋，致其被送入勞教所。不久，孫繼海做了心臟起搏手術。女婿於婚後不到一年病故。

李范，原榆樹市第一中學校長。自 1999 年開始參與對法輪功學員的迫害，將單位幾名法輪功學員辦洗腦學習班，停薪停職，沒收身份證，派人監視，直至送到公安局拘留、勞教。2000 年又強迫他們下崗。2001 年，李因經濟問題提前辭職；妻患小腦萎縮；兒子因癌症死亡。

王培高，通化縣光華鎮中心小學校長，曾利用職權，強迫師生寫誣陷大法的文章貼在牆上。王 2005 年腿摔骨折；其弟被砍死；

2006 年女兒出車禍。

其他遭報案例

白樹君，松原市扶餘縣新城局鄉腰七號村二把手，經常誹謗大法，結果自己丟官罷職，妻子自殺。

王玉鳳，舒蘭市蓮花鄉泥溝村六社村民，塗抹大法標語。2004 年，車禍死亡。

王彥福、溫加榮，不明真相，舉報法輪功。半年後兒子被砍傷。

王鳳芝，安圖縣白河林業局場區街道辦事處工作人員，經常暗中監視和舉報法輪功學員，2004 年 7 月，被小偷搶包殺死；老伴患急病暴死。

劉俊仁，舒蘭市蓮花鄉蓮花村幹部，充當迫害法輪功學員的犯罪打手。2004 年車禍三個月後身亡。三個兒子也相繼出車禍。

溫海棠，公主嶺市秦家屯鎮韓泡子村書記，暗中參與對法輪功學員的迫害。2005 年 1 月，被人連刺七刀身亡。

趙國輝，松原市大山鄉某村村長，曾毆打法輪功學員，並搶走財物。後患鼻癌、骨髓癌死亡。

劉長海，榆樹市八號鄉九號村治保主任，積極配合參與迫害法輪功。2004 年暴死。兒子被判刑三年。

王立新，樺甸市明樺街道綜合治理辦公室主任，多次配合「610」到法輪功學員家中恐嚇、騷擾，綁架法輪功學員去所謂的「學習班」強制洗腦。2007 年，車禍身亡，連累三名親人同時身亡。

金雄范，原延吉市鐵南長青社區長龍居支部書記，誣衊法輪功，參與迫害法輪功學員。2006 年，其患精神病的女兒將妻子砍死。

劉慶紅，公主嶺市鐵北社區治安人員，2007 年 8 月 31 日至 9 月 4 日，曾撕毀法輪功真相，不聽勸告。2007 年 9 月 11 日，車禍身亡。

畢興軍，松原市前郭縣烏蘭圖嘎鄉太力佰村治保主任，先後將兩名法輪功學員非法勞教，並多次指使警察闖進法輪功學員家抄家騷擾。畢興軍後因僱人傷害哥哥被逮捕。

馬彥珍，舒蘭市吉舒鎮豐廣街豐華委（原豐廣二井）主任，積極參與迫害法輪功，2003 年下半年，帶警察騷擾、抓捕法輪功學員。其母親、父親、弟弟先後死亡。2013 年，丈夫患食道癌。

邵剛，臨江市一街道副主任，為了升官發財，積極參與策劃迫害法輪功，多次上門騷擾法輪功學員及家人。2007 年 10 月，突發腦出血後昏迷不醒，12 月死亡，時年 48 歲。

第三節

孫政才的貪腐與淫亂令人驚愕

民生銀行內設「夫人俱樂部」，成員包括令計劃妻谷麗萍、蘇榮妻于麗芳、孫政才妻胡穎等十多名高級官員之妻，成為政商勾結的貪腐管道。（新紀元合成圖）

　　孫政才落馬後，海外媒體報導出大量其貪腐和淫亂問題，正印了老百姓那句話，再好的人，掉進中共官場，就沒幾個能是好人了。

涉令計劃案 孫妻捲入「夫人俱樂部」

　　海外媒體披露，孫政才的妻子胡穎，與已落馬的原中辦主任令計劃妻子谷麗萍、原全國政協副主席蘇榮之妻于麗芳等，都是民生銀行高官太太俱樂部的重要成員，關係緊密。

　　民生銀行的高管們憑藉這些「夫人」拉來大量政府與國企存款，還利用她們背後的特權，力壓民生銀行的大股東，牢牢掌握著銀行的控制權。

　　2015年初民生銀行行長毛曉峰被查期間，媒體曝光民生銀行

內暗藏吃空餉的「官太太」俱樂部，而孫政才妻子胡穎與蘇榮妻子于麗芳、令計劃妻子谷麗萍等都是民生銀行官太太俱樂部的成員。令計劃、蘇榮、孫政才都被指是江派大員。

據說，現年 53 歲的胡穎是民生銀行監委。2005 年至 2011 年任民生培訓學院副總經理，後任北京民生財富學院執行院長、民生文化國際交流中心總經理。是民生銀行夫人俱樂部的核心成員，曾經與令計劃妻子谷麗萍每周一同參加瑜珈活動。

胡穎加入民生銀行的上述公司前，1986 年至 1993 年任北京師範學院分院助教、講師；1993 年至 2004 年任首都師範大學副教授。胡穎還有北京理工大學應用力學專業博士學位，教授職稱。

前香港文匯報駐大連記者姜維平表示，孫政才到了重慶，仍維持著張德江留下的框架混日子，薄熙來在重慶發動的「唱紅打黑」運動中虛構的 640 個「黑社會」，這些被冤枉的民營企業家一個也沒有平反。

姜維平透露，習近平到訪重慶時曾暗示孫政才大舉平凡冤假錯案，但孫政才依然按兵不動。

孫放走董文標 牽扯民生銀行金融大案

2015 年 10 月，中紀委書記王岐山對金融系統腐敗剛剛放出狠話後，海外媒體就曝出，在中共政治局委員孫政才、孫春蘭的擔保下，業已列入被邊控名單的全國工商聯副主席、民生銀行原董事長董文標，於 9 月 26 日以開會之名出逃日本，至今未歸的消息。

報導說，董文標當日在北京國際機場出境時，曾在機場被攔

並被控制了數小時。隨後，他找到了現還掛著民生銀行旗下北京民生財富學院執行院長、民生文化國際交流中心總經理胡穎，並通過她找到了其丈夫孫政才。與此同時，董文標又找到了中共政治局委員、中央統戰部長孫春蘭。孫政才、孫春蘭兩人應該是在差不多的時間，向中共全國工商聯主席全哲洙打招呼「作保」，全哲洙遂以全國工商聯名義給公安部邊防管理局、北京市出入境管理局出示擔保傳真。董文標順利出境。

王岐山獲知後，十分震怒，並馬上上報給正在美國訪問的習近平，並要求孫政才、孫春蘭兩人作出解釋。

據港媒報導，董文標 2014 年辭去民生銀行行長職務就與洗錢受賄有關，其中一個重要案件是與大股東張宏偉勾結，在購買民生銀行上海總部的辦公樓過程中一次非法獲利 20 億元人民幣，並且從地下錢莊轉到香港拿回扣數億元人民幣，從而引起了中紀委的關注。

據悉，董文標是通過張宏偉認識了胡穎，並將胡招進民生銀行，給以高位。而掌控東方集團的張宏偉不僅與江派前常委周永康家族及周永康的「石油幫」存在交集，而且還利用民生銀行洗錢、進行利益輸送。張宏偉 2009 年通過周家的「白手套」吳兵認識了周永康兒子周濱後，利用他們的影響力，於 2010 年從中石油董事長蔣潔敏手中得到了本來屬於中石油談判收購的成果——巴基斯坦油田。

張宏偉還涉嫌向中共開發行銀香港分行行長劉浩行賄，給聯合能源集團貸款 50 億美元，後中紀委及時發現劉浩的違法行為，劉浩被調回京後馬上被雙規。

目前，大陸官媒還未披露孫政才涉嫌交集這些重量級的金融

界人物，但孫早在 2013 年就曝出不少貪腐醜聞。如孫政才佩戴超過 10 塊名貴手錶，價值上百萬元；孫政才擔任農業部長時，他女兒在美國私立名校康乃爾大學留學，每年至少需花費 7 萬美元，這些錢是從哪兒來的？

曾被網民曝光是「大表叔」

2012 年 11 月 20 日，孫政才升任中央政治局委員並兼任中共重慶市委書記。此後不久，網民通過蒐集孫政才不同時期的圖片，鑑定出孫政才佩戴過至少 10 塊名貴手錶。而這些照片均來自公開的新聞報導。

除佩戴名錶外，網民還揭露，2009 年孫政才以農業部長身份訪美時，曾接受美國轉基因公司孟山都安排的專機，飛往康奈爾大學看望他在此留學的女兒。

涉重慶副市長沐華平案

法廣引述消息透露，孫政才被查除因其妻涉令計劃案，還捲入了他一手提拔的重慶副市長沐華平結交間諜女友可能洩密的案件。

香港《明報》2017 年 5 月 21 日曾引述消息人士的話稱，沐華平因涉嫌洩露國家機密被調查，其具有香港居民身份的女友亦涉嫌從事間諜活動。

前資深媒體人姜維平 4 月 30 日曾在 youtube 上透露，沐華平是 4 月 25 日被中紀委專案組帶走調查的。

涉福建首富黃如論行賄案

2017 年 6 月 21 日，世紀金源集團主席黃如論因涉嫌「行賄犯罪」，被免去福建政協常職務及政協委員資格。

上述知情人士表示，黃如論案，受影響最大的其實是孫政才。但消息沒有透露孫政才涉黃案的具體情況。

還有傳聞說，孫政才落馬或與 2002 年至 2006 年期間，他任北京市委祕書長時有「違法亂紀行為」有關。

據此前的報導，黃如論的暴富過程，被指與中共前政治局常委賈慶林的仕途升遷有關。賈慶林任福建省委書記期間，他的祕書譚維克把黃如論介紹給賈家，最終黃成為賈家的「錢袋子」。

孫政才自上世紀 90 年代開始一直在北京官場任職，在賈慶林任北京市委書記期間被提拔為北京市委常委、祕書長，成為賈的親信，賈慶林成為北京市委書記後，也把黃如論的生意帶到了北京。

香港《東方日報》7 月 20 日的評論文章表示，孫政才曾為黃如論在北京的地產發展項目「鞍前馬後」地效勞。文章還說，孫政才能進入政治局，成為重慶市委書記，是曾慶紅在幕後操作。

2011 年，賈慶林視察吉林，時任吉林省委書記的孫政才一路陪同、畢恭畢敬。

傳孫政才情婦私生子多

據香港《蘋果日報》7 月 26 日援引海外消息報導，孫政才與妻子胡穎育有一個女兒。2012 年孫赴重慶上任時，家人沒有隨行，

而是留在北京。於是，在孫的心腹、原重慶公安局長何挺的安排下，孫政才與別的女人有了私生子，而且是多個女人，「有好幾個私生子」。

消息稱，孫政才還慷國家之慨，為一眾情婦背後的企業提供「一帶一路」項目資金。重慶是北京當局布署「一帶一路」戰略的重點。

據報導，2017 年 6 月何挺被中紀委拿下後，供出了上述孫政才的醜聞。而中紀委辦案人員祕密對其私生子作 DNA 檢驗，確認無誤。

若此消息屬實，那孫政才也太膽大妄為了，居然敢在習近平、王岐山大力懲治官員貪腐淫亂的浪尖風口上興風作浪，真不知他是色膽包天，還是愚蠢至極。

不過中共官場糜爛，高官有私生子女已成常態。2017 年初中共出台的有關規定中，要求官員非婚子女必須申報，也折射出中共官場已糜爛、腐敗到了極點。

中共十八大之後，官方通報的省部級落馬官員中，幾乎人人都有「與他人通姦」的行為，這已成為落馬官員罪名中的高頻詞。因此中共被民間諷刺為「通姦黨」。

2017 年 5 月 16 日，湖南省社會科學院主辦的《求索》雜誌社前主編烏東峰被立案審查。通報中提到他「受賄一個億、擁有 18 套房產、私生子八個」。一個雜誌、清水衙門都能出這樣的事，更不要說前中辦主任令計劃，前天津公安局長武長順，前中共國安部副部長馬建，前揭陽市長陳弘平，前廣東政協主席朱明國等等生活如何糜爛了。

老百姓評論中共官員，「看上去滿腹經綸，聽起來滿嘴馬列，

剖肚之後，人們看到的，盡是男盜女娼」。中國古話說，萬惡淫為首，中共官場的淫亂和腐敗不但將導致中共專制體制的自我毀滅，發展下去，也會導致中華民族的徹底毀滅。

第八章

郭文貴的靠山
與海航股東

有關郭文貴的後台，一般人想到了國安副部長馬建，但馬建落馬一年多後，郭文貴才在美國爆料攻擊王岐山，包括聲稱王妻侄姚慶擁有大量海航股份，並口口聲聲有「老領導」的支持。英國《金融時報》報導卻顯示，海航與江澤民關係更大。到底郭文貴的靠山有哪些呢？

郭文貴口口聲聲的「老領導」，呼之欲出。（新紀元合成圖）

第一節

郭文貴靠上了
江澤民大祕賈廷安

2015 年有多家大陸媒體大篇幅地揭祕「盤古大觀」等公司實際操控人郭文貴的發家史和過程，其中最引人注目的是他背後的一名中共高官賈廷安。（大紀元資料室）

傳郭文貴靠上了賈廷安

據中共官媒 2015 年 5 月 25 日報導，北京市第一中級法院開庭審理北京市公安局交通管理局原局長宋建國受賄一案，案情重新牽出前期轟動一時的郭文貴及其北京地標性建築「盤古大觀」酒店。

大陸媒體《新京報》曾撰文稱，該報當年曝光盤古大觀的腐敗產業鏈時遭到打擊報復，一度受到對方的威脅。而今，隨著宋建國案的塵埃落定，盤古大觀的腐敗鏈條也已成為鐵板釘釘的事實。

2008 年 2 月開始，盤古大觀 LED 螢幕從最初的設置，到相

關部門要求拆除，到 7 月 25 日這短短的半年時間，盤古大觀由「壞」向「好」的方向發展，有人曾對此感嘆，盤古大觀每當到了「危險時刻」總會「化險為夷」，最後「平安著陸」。顯然，郭文貴的背後有著權貴的影子。

2015 年有多家大陸媒體大篇幅地揭祕「盤古大觀」等公司實際操控人郭文貴的發家史和過程，其中最引人注目的是他背後的一名中共高官賈廷安。

隨著宋建國案的落定，郭文貴發家事跡再度被媒體重新掀開，輿論風口直指傳聞背後的賈廷安。這或許在很大程度上源自於其發家史與賈有牽扯不斷的關聯。

對於郭文貴這段在河南的發家史，有傳聞稱，郭文貴之所以能以這麼非同尋常的速度發家，完全是因為靠上了軍中「河南幫」重要人物賈廷安。

據報導，雖然沒有直接的信息來支援郭文貴與賈廷安的關係是否屬實，但值得注意的是，後來郭文貴控制的摩根投資、政泉置業分別於 2006 年在盤古大觀、2008 年的金泉廣場兩個地產項目中擊敗了首創置業和保利地產。對於熟悉中國政商情況的人來說，首創置業是北京市國資委所屬的特大型國有企業，保利地產則有中共解放軍總參背景，郭文貴能擊敗這兩個商業對手，如果沒有非常手段幾乎是不可能的事情。

時政評論員周曉輝分析認為，可以拿下北京最貴地塊，有軍方背景的企業為其注資，可以掀動北京市副市長，郭文貴的幕後「貴人」呼之欲出。或許，正是通過前河南省委常委王有杰或者曾任河南省委書記的前政治局常委李長春，郭攀上了權傾一時的江澤民大祕賈廷安，並且得到了其鼎力相助。如果這個推斷是合

理的，郭牛氣的原因就有了答案。

周曉輝認為，從郭文貴的發跡軌跡和牛氣看，賈廷安八九不離十是其「貴人」和幕後老闆，郭也很可能是賈的「白手套」，為賈攫取巨額經濟利益，甚至當做政治博弈的棋子。

賈廷安於 1989 年 11 月任中共中央軍委主席祕書；1994 年任中共中央軍委辦公廳副主任兼軍委主席辦公室主任；2003 年 12 月起任中共中央軍委辦公廳主任，2007 年調任中共解放軍總政副主任至今。

據報導，賈廷安長期擔任江澤民的祕書，而賈並非軍人出身，其之所以能進入中共軍隊高層，完全是仰仗江澤民的權勢。一個只知逢迎拍馬的「家奴」，就此變身為共軍高級將領。

賈廷安是郭文貴的「貴人」

2015 年 1 月 11 日晚，消息人士牛淚發表博文《郭文貴背後是誰？能說出來的都不算事兒！》文章稱，政泉控股和北大方正招架，表面上看，是郭文貴把李友等送進牢房，還牽出了在日本收受房產的令計劃妻子谷麗萍。實際上，這些能公開說出來的內容，根本就是拔蘿蔔帶出來的「泥」。真正背後有怎樣的角力，最終目標要指向誰，是誰設下如此布局，為了什麼樣的目的，這四個不能說的關鍵問題，才是背後的要害。

牛淚稱，外界可以從郭文貴因為商業糾紛，能把分管奧運基建的北京市副市長劉志華輕易送進監獄，就知道這人有著什麼樣的能量與背景。

郭文貴的財富，集中體現在北京含金量最高的北四環中路附

近的奧運地產板塊。在當年北京奧運會舉辦前，這裡的土地每天都在急劇升值，任何人只要能拿下這些項目，就意味著財富的爆炸式飆升。

牛淚稱，郭文貴在這些項目上賺了多少錢，無人可知。當然，郭文貴也不過是在前台代人執事的「白手套」，他在這些項目中獲得的收益，到底都分裝進了誰的口袋，外界也無從得知。但外界可以推測，郭文貴「要在北京這個魚龍混雜的地產碼頭強占一席，不管真假，都必須要有人在背後力挺，才能安穩賺錢，安度餘生。」

那麼，誰又是郭文貴背後的「貴人」呢？他為什麼又要在這個時候策動北大方正和政泉股份的這場糾紛呢？牛淚稱，這兩個問題，天知，地知，郭文貴知，他身後的貴人知。不過好在郭文貴現在已經被弄了回去，這是很多人當時都沒料到的結局，只要能急審郭文貴，讓他吐實，所有這些祕密，都會成為後期引發震盪的絕殺武器。

牛淚最後還表示，在搞清郭文貴的背景後，再回過頭來看這次被策動的政泉控股和北大方正對壘，就能為文初四大關鍵問題找出答案。這恐怕不是一場簡單的商業糾紛，而是一場「連環殺」，相關布局可能在比十八大更早的數年前就已精心布下。現在，角力不過才剛剛開始。

牛淚的文章引發網民熱議郭文貴背後是誰。有網民跟帖表示，「2001 年申奧成功的。時間窗口已經非常清楚了。」有跟帖表示，牛淚文章影射郭文貴的背後是中共前黨魁江澤民。

還有網民直接表示看懂了牛淚的爆料密碼，誰是郭文貴的貴人，其實已經被牛淚巧妙的隱藏在文章裡。跟帖引用文章中一句

話稱，「不管真**假**，都必須要有人在背後力**挺**，才能**安穩賺錢**……還看不出來？？？那真是沒辦法了！」近乎直接點名賈廷安。

賈廷安醜聞遭到舉報

中共原總後勤部基建營房部長張金昌在 2015 年第一期的《炎黃春秋》上撰萬字長文《我認識的貪官王守業》，首度詳細公開已經落馬的原中共海軍副司令員王守業黑幕，暗指王當年能當上總後基建營房部長，是依靠河南老鄉、時任中共中央軍委辦公廳主任賈廷安。賈廷安長期擔任原中央軍委主席江澤民祕書，如今為總政治部副主任。

文章稱，王守業利用工作之便經常投機鑽營，在參加軍委常務會議討論營房有關議題時，利用拉老鄉關係接近和拉攏中央軍委領導的祕書 XX，從吃請開始，禮尚往來，然後打得火熱，親如兄弟。四個月後，XX 祕書竟以中央軍委領導辦公室的名義正式打電話給總後高層，要報王守業為營房部長。1996 年 1 月，軍委正式任命王守業為總後基建營房部長。

張金昌後來在一次與退下來的總後高層交談時，當面問過：「當時我向你多次匯報過王守業道德敗壞、品質惡劣的問題，為什麼他還能當部長？」他說：「你不知道，當時 X 辦打了電話的。」張說：「不就是 XX 祕書打的電話嗎？」他說：「他的電話當然是代表 X 辦的。」

根據海外的報導，文章中的祕書 XX，就是賈廷安。X 辦指的是江辦。《炎黃春秋》發表了這篇文章後，原文被刪除，但消息已經被大量海內外媒體轉載報導。

第二節

郭文貴爆傳政華
替郭聲琨頂缸

在政法系統面臨清洗的時刻，郭文貴跳出來揭發傳政華，可能是試圖轉移視線，將傳政華拋出來替公安部長郭聲琨（左）頂缸。郭聲琨被曝係曾慶紅（右）表外甥。（新紀元合成圖）

2017 年 1 月 26 日，就在肖建華於香港被帶走幾小時後，一直藏身美國的政泉控股控制人郭文貴突然現身，接受中文電視的採訪，直播爆料中共高層貪腐黑幕。

外界評論說，對經常替江澤民派系發聲的明鏡系列，這次電視採訪因涉嫌謀殺一位日本人而遭官方通緝的郭文貴，並不感到意外，因為郭文貴一直在替江派發聲。意外的是，過去經常血口噴人、滿嘴跑火車、謊言連篇的郭文貴，這次不但衣冠楚楚、彬彬有禮，而且好像句句說的都是「實話」，不少人被他矇住了，沒有看清安排這次採訪的真實目的。

郭文貴出生在山東農村，初中畢業外出打工，後創辦河南大老闆家具廠為他掙到第一桶金，接著在河南鄭州進入房地產業。

憑藉如簧之舌和高超手段，層層巴結政客，最終殺入首都北京發展。在胡潤百富中國富豪榜中，2013 年郭文貴以個人資產 58 億元位列第 323 名，2014 年以個人資產 155 億元升至第 74 位。

郭曝傅政華：兩邊通吃 野心勃勃

藏身美國、被財新網稱為「權力獵手」的富商郭文貴，在接受採訪的同時也在網路上進行了直播，曝出他與北大方正前 CEO 李友的爭鬥內幕，以及中共公安部常務副部長傅政華大肆貪腐及「兩頭吃」的黑幕。

郭文貴稱，北大方正集團是一些中共高層家族的錢袋子，郭表示要曝光至少 4 個李友背後的中共高層官員，包括中共前任和現任政治局常委、委員，並稱令計劃、谷麗萍只是「小靠山」。不過他這次只曝光了傅政華，其他留到以後。

2014 年下半年開始，郭文貴與李友，為了爭奪方正證券的控制權，展開了鬧劇般的互相「舉報」，其中李友舉報了國安部副部長馬建利用職權為郭文貴謀利之事。2015 年初，李友等人被帶走「協助調查」。2016 年 11 月 25 日，大連中級法院一審認定李友犯內幕交易罪，妨害公務罪和隱匿會計憑證、會計帳簿、財務會計報告罪，數罪並罰，但因李友的舉報有功，最後輕判有期徒刑四年六個月，並處罰金人民幣 7.502 億元；違法所得予以沒收，上繳國庫。對此，郭文貴非常不滿，一口咬定大連法庭和北京專案組貪贓枉法。

郭文貴說，此前為了爭奪方正證券的控制權，他與李友有過激烈爭鬥。郭找到傅政華求助，李友則搬出一名中共退休常委和

一名現任常委的家人。

郭在直播中稱，傅政華捲入他和李友的爭鬥後，兩邊都有收錢，「吃了原告吃被告」，卻「拿錢不辦事」。傅政華兩邊通吃，為了掩蓋自己的罪行，不僅抓捕了李友，還抓捕了郭文貴在國內的 8 名家人及公司 30 多名高管。郭文貴在採訪中，詳細描述了傅政華如何無視法律，指揮專案組人員對被抓的政泉控股的員工實施酷刑折磨、性騷擾等。

郭文貴還稱傅政華是個邪惡之人，幹了很多壞事。其弟弟是其金主代表，被稱為傅老三，在北京極為狂妄，與傅政華合夥，想抓誰、想撈誰都是一句話。傅政華的胞弟還包養了多個情婦，有上百億元人民幣的黑錢，非常囂張。

傅政華除了接受郭文貴在國內的賄賂，還企圖在海外索要5000 萬美元。郭文貴還替馬建辯護，稱自己非常尊敬馬建副部長，還說有消息稱馬建有 6 個情婦等，都是誣陷，並說馬建身體不好，不可能有那麼多情婦等等。

郭文貴還表示，傅政華有野心，其企圖在十九大當公安部長或政法委書記。傅政華曾跟郭說：「未來五到十年是我的天下」。郭還透露，之前國內大量律師被抓並遭受迫害的「709」事件是傅政華一手策劃的。

傅政華心黑手辣 太多人想他死

2017 年 2 月 2 日，親江派的中文網站報導了神祕人物在微信朋友圈的發文，進一步披露被郭文貴曝光黑幕的中共公安部常務副部長傅政華「不過是馬仔中的馬仔，隨時會被扔在大街上，只

是當年『3‧19』（指令計劃兒子車禍事件）他處理有功，所謂有功就是保密工作做得好，因而才晉升。」

至於除掉「天上人間」夜總會，傅政華不過是執行命令。實際上太多人想置傅政華於死地，至於他的前途那就看他還有沒有利用價值，目前看來價值不大。文章還強調，「未來肯定有大老虎，刑上大夫一定會發生」。

此前《新紀元》報導過，大凡替專制強權充當打手的惡吏，無論是武則天時代的酷吏，還是文革時代的造反派，或當代的周永康之流，嚴酷殺人者，必定下場悲慘。

傅政華是周永康的親信，曾出任中共江澤民集團鎮壓法輪功的專職機構——中央「610」辦公室主任。王立軍事件後，傳傅政華在周永康失勢後反水，把 2012 年「3‧19」政變時周永康曾給他的一個祕密手令，交給了胡、習，才有官至正部的機會。有消息說，重慶事件後，傅政華檢舉了周永康的若干問題，不過因傅政華心黑手辣，背負累累血債，且江派背景極深，難獲習近平信任。

傅政華為人凶殘 比王立軍還危險

自由亞洲電台評論說，傅政華是個狠角色，是中共鎮壓機器中的一條惡犬。傅政華與王立軍雖有相似之處，但仕途有重要差別。王立軍早年走的是刑警的路子，而傅政華可以說完全是靠做政治迫害的打手起家。因此，傅政華比王立軍的政治嗅覺更靈敏，膽子也更大。

從郭文貴的爆料可以看到，傅政華並非北京政權的忠實鷹

犬，而是這個政權最危險乃至最致命的病毒，他的基本路數就是藉中共政治迫害來謀私利，因此，他不僅不希望減少這個政權的敵人，反而是不斷製造更多敵人和仇恨，以此來綁架當權者，增加自己的謀私機會。

文章說，傅政華作為中共政治迫害的職業打手，從鎮壓法輪功起家，後又成為各種維權人士最凶殘的對頭。在他一路升遷的過程，官場也越來越腐敗，這不僅讓傅政華這樣的人勢力越來越大，而且膽子也越來越大，更重要的是，他有了介入高層政治、進入權力中心的機會。傅政華又將「凶殘打手」的對象擴大到了腰纏萬貫、有深厚權勢背景的人物和機構，讓更多人陷入恐懼當中。

文章說，習近平如果不處理傅政華，會給習帶來更大的政治威脅。傅政華案對中共的政治後果，可能會超過王立軍案。

郭曝料有因 公安部籌建反貪局

在近一個小時的訪談中，郭文貴介紹自己這次出來說話有三個目的：保命、保錢，而且還要報仇，不過他沒有講如何保命、保錢，只是講了對李友和傅政華的報仇。

郭文貴在視頻中多次提到「習近平總書記、王岐山書記、孟建柱書記」，認為傅政華的專案組、大連法庭都違背了「習近平總書記、王岐山書記、孟建柱書記」的指示，表面上在擁習，實際是在批習王的治下一片黑暗，他們對李友等人的判決、對馬建的抓捕，都是錯的，都應該重審。

人們不禁要問，為何郭文貴要選在此時曝出傅政華的黑幕？

他的目的是什麼呢？

時事評論員周曉輝認為，這可能是郭文貴在知曉習近平將動刀公安部後，一方面欲藉此機會除掉坑害自己的傅政華，一方面向習陣營示好，通過曝料減輕自己的罪責。但無論如何，郭文貴的曝料客觀上為習近平在公安部「打虎」做了輿論鋪墊，不出意外的話，2017 年上半年公安部應該有「老虎」落馬。

《新紀元》周刊在 516 期（2017 年 1 月 26 日出刊）的封面故事「公安部出事了」，獨家報導了《習近平 2017 對公安部「動手術」》。來自公安部高層的獨家消息說，習近平擬對公安部「動手術」，具體措施是在公安部內部籌建一個新的反貪局，最快在中共「兩會」前完成組織和預算編制。成立反貪局的用意是要清除公安部內部抵制執行習近平政策的勢力。據稱，在籌建反貪局時，遇到了不少的阻力，有四、五名新任命的副局長因不執行習近平的政策而被立即調離。

目前高層知道公安部內部貪腐非常嚴重，已不是中紀委的派駐紀檢組和組長鄧衛平所能處理得了的。鄧衛平是習近平的舊部，2015 年 3 月調入公安部任紀委書記並兼任督察長。自其調入公安部近兩年來，公安部並無任何現任高官落馬，由此可見，其所面臨的貪腐問題極為複雜和嚴重，且在內部所遇到的阻力非常大。

周永康殘餘控制的公安部，內部抵制習近平政策的高官絕非少數，2016 年的雷洋案、遼寧抓捕法輪功學員案、「709」律師被抓被酷刑折磨等引起輿論廣泛批評，並明顯與習近平提出的「依法治國」理念背道而馳的大案，始作俑者都是公安部高官。上述消息人士亦透露，在 1 月 9 日公安部傳達學習中央紀委七次

全會精神會議前後，公安部將有高官被拿下。

外界普遍分析將要落馬的就是傅政華。公安部網站的「部領導重要活動和講話」信息顯示，公安部副部長黃明 2016 年共有 27 次「重要活動」；而作為公安部常務副部長的傅政華僅有兩次「重要活動」，極不正常。1 月 9 日，公安部召開公安部黨委會議傳達學習中紀委七中全會精神，要求公安部深刻認識周永康野心家、陰謀家本質等。蹊蹺的是，作為公安部排名第二的常務副部長傅政華未出席該會議。由此看來，傅政華的落馬，只等公布時間了。

曾慶紅拋出傅政華 替郭聲琨頂缸

阿波羅網特約評論員龍嘯則認為，在習當局計畫著手清洗政法系統的敏感時刻，郭文貴突然跳出來揭發傅政華，可能是試圖製造輿論轉移視線，將傅政華拋出來替公安部長郭聲琨頂缸。大陸全國抓捕迫害維權律師，不可能是一個副部長能決定的了的。而郭聲琨被曝係曾慶紅表外甥，前不久剛剛結案的雷陽案，就是公安部和政法系統對抗習近平依法治國的典型例子。

2017 年 1 月 18 日，陳建剛律師發布了兩份《會見謝陽筆錄》，首次公開了會見「709」在案人謝陽律師的情況。謝陽在會見中說，他是 2015 年 7 月 11 日凌晨被抓後，兩個警察在審訊謝陽時聲稱，謝陽加入的「人權律師團」微信聊天群，已被公安部定性為反黨反社會主義，希望謝陽能認清形勢。

在之後的酷刑折磨中，國保對謝陽說：「你的案子是天字第一號的案子，如果我們做錯了，你到北京去告我們，你以為我們

這樣整你，北京不知道嗎？我們想怎樣整就怎樣整。」

阿波羅網據此獨家解讀，主導「709」大抓捕的可能是公安部長郭聲琨。

2015 年 7 月，「709」事件爆發，公安開始大規模抓捕大陸維權律師。2016 年新年伊始，15 名被抓的律師被以「煽動顛覆國家政權罪」批捕，其中 14 人被關押在天津。編輯部在北京的「海外」親習黨媒多維網曾披露，黃興國是浙江人，是前江派政治局常委黃菊的侄子，而郭聲琨則被爆料是曾慶紅的遠房表外甥。

2017 年 1 月底，海外多家中文媒體再次披露郭聲琨與趙樂際爭奪中組部長的敗北原因。知情人士透露，郭聲琨是曾慶紅的表外甥，郭聲琨妻子的祖母是曾慶紅母親鄧六金的親妹妹。因此，曾慶紅想讓郭聲琨出任中組部長，但最後被習近平拒絕了。

《爭鳴》雜誌 2016 年 12 月號也刊發署名子鳴的評論文章認為，中共政法公安系又稱刀把子，從 1989 年鎮壓愛國民主運動後就一步步蛻變成權貴江系集團的家丁護衛，是江系重點長期精心經營布局的地盤，多年來罪孽深重，惡跡昭彰，已致天怒人怨，人神共憤。

文章指，中共十八大反腐以來，政法系雖然至今被捉拿下了周永康、周本順、李東生、馬建、張越等，但江派舊人還在。作為權貴嫡系的政法高官們對於十八大以來所發起的反腐運動從骨子裡是抵制的，他們結黨營私，宗派繁殖，蓄意製造社會動亂，是中國法治建設的最大路障。客觀上是軍隊之外對掀起反腐的新當政者存在最大威脅的對象。因此習近平當局接下來的反腐動向，將從槍桿子到刀把子。

1 月 25 日，就在郭文貴爆料的前一天，中共最高法院、最高

檢察院突然發布了一個所謂「司法解釋」，列舉了 12 種罪狀。這個「解釋」雖未直接提法輪功，但其所列舉所謂的罪狀都刻意與大陸法輪功學員講真相的情況相對應，明顯是有目的的構陷法輪功學員。

「兩高」迫不及待在相隔 16 年之後再次進行「司法解釋」有兩個主要原因。一個是，「兩高」兩個院長周強和曹建明，有強烈的犯罪被抓的恐懼感；另一個是，周、曹看到了和利用了迫害法輪功與維持中共統治的相互關係。

這也算是江派控制的政法委系統，包括公安、法院、檢察院，集體對抗習陣營依法治國的一種抵制行動。由此看來，2012 年 12 月入京的郭聲琨，對近三年多來參與江派迫害民眾，具有不可推卸的責任。

第三節

海航是誰的？
與江澤民關係更大

從海航成立的背景中可發現，海航創業時的關鍵人物劉劍峰，以及其後台江澤民和曾慶紅，他們才是海航的大靠山。（AFP）

就在郭文貴聲稱王岐山妻子的侄兒姚慶擁有大量海航股份之際，2017 年 6 月 7 日，英國《金融時報》記者發表聯合報導《一擲千金的海航是誰的？》證明海航股東中沒有姚慶。

13 股東 12 人是高管 最大股東貫君最神祕

經過調查，文章說：「根據企業文件，目前 13 人擁有海航 76％的股份，除一位以外，其餘 12 人目前都擔任該集團高管。多年來，一系列複雜的資產重組使海航實際上實現了私有化，集團創始人和公眾場合代言人陳峰——是一位喜歡豪車的佛教徒——以及海航董事局董事長王健，現在各擁有集團約 15％的股份。」

位於旅遊勝地海南島的海航集團（HNA Group）總部大樓，外形像一座佛陀。據胡潤百富創始人胡潤（Rupert Hoogewerf）說，海航「非常錯綜複雜的股權結構」使陳峰和王健這兩人都未能登上年度胡潤百富榜。「我們一直試圖讓陳峰上榜，但我們無法找到任何證明他足夠有錢的辦法。」

海航最大的股東也是最神祕的一個：貫君，2016 年從香港商人巴拉特・拜斯（Bharat Bhise）手中購買了海航近 29％的股份。海航拒絕透露這些股份是以什麼價格售出的，拜斯也沒有回覆置評請求。

文章說，貫君與陳峰之子一同在海航旗下一家 P2P 融資平台擔任董事，但除此之外，支配著數十億資產的貫君幾乎沒有留下什麼痕跡。

中國工商註冊信息顯示，貫君還有其他多個經營位址。其中一個地址指向北京城西某小區的臨街沙龍「東英國際美容SPA」。現在的店主們說，他在大約五年前賣掉了這家店。另外一個地址指向北京某座破舊的辦公樓裡一扇鎖著的大門。根據香港的公司文件，他的住所是北京城西南一處不起眼的公寓，幾個月前已有新住戶搬進。

《金融時報》的記者通過手機聯繫上貫君後，他說：「不方便回答你的任何問題。」

文章還說：「拜斯不再擁有海航的股份。他的公司 Bravia Capital 曾是海航最大的幾筆海外收購中的投資夥伴，包括 2012 年海航對世界第五大集裝箱公司 SeaCo 10 億美元的收購。將海航介紹給其最知名的外國投資者喬治・索羅斯（George Soros）的，也正是拜斯。後來索羅斯將其在海航旗艦子公司——海南航空持

有的 5000 萬美元股份大部分售出。」

原由世界銀行支持 現資產千億美金

文章還說，海航原本是經濟改革人士利用世界銀行（World
Bank）的支持成立的省航空公司。如今這家海南航空（Hainan
Airlines）的母公司已發展為一家經營多種業務的私有國際集團。
它的 1450 億美元的資產如今包括新西蘭最大金融服務公司、希
爾頓酒店（Hilton Hotel）的股份，以及在至少 14 個國家的多家
航空服務公司。海航還運營著世界第三大飛機租賃機隊。

在國內，海航擁有的資產橫跨多個領域，包括多家房地產開
發公司、多家租賃公司、四家地區航空公司、一份有聲望的財經
雜誌和中國大型個人對個人（peer-to-peer，簡稱 P2P）借貸平台
聚寶互聯科技（JuBao Internet Technology）。海航通過至少 11 個
P2P 平台（海航投資了其中多個）募集資金，也通過旗下約 25 家
上市公司獲得的貸款籌集資金。

在海外，海航選擇了一些有政治關係的合作夥伴。如海
航在傑布‧布什（Jeb Bush）考慮競選總統期間與其共同投資
了一家燃料運輸企業，並在對沖基金經理安東尼‧斯卡拉穆奇
（Anthony Scaramucci）有望加入川普政府時從其手中購入天橋資
本（SkyBridge Capital）。

興南公司提供了海航啓動資金

接下來文章以「海航的創始人陳峰曾在王岐山手下工作」為

由，認定海航與王岐山有關，不過讀者認真讀完《金融時報》的文章，就會發現這判定有些難以自圓其說，因為文章說，1989年「六四」後，西方制裁中共，「但一個由中國農村信託投資公司官員組成的核心團體——陳峰也在其中，當時試圖避開制裁。他們遷往海南，並請求世行予以幫助。」「與此同時，中國農村信託投資公司的情況則遠沒那麼順利。到1996年，當時由王岐山領導的中國建設銀行（China Construction Bank）吸收了中國農村信託投資公司120億元人民幣的債務，當時這家公司被50億元人民幣的虧損壓得喘不過氣。」

也就是說，陳峰離開王岐山團隊，後來在海南的創業，與王岐山關係並不大，而如文章所說，是「興南集團為海南航空提供了啟動資金，並為海南航空聘請了大量人才，其中很多人如今都成了海航的高管，其中包括海航現任董事局董事長王健。海航的其他高管還包括：前海南政府官員以及曾接受世行早期貸款的幾家國有橡膠農場的前負責人。」

據公開資料介紹，中國興南（集團）公司，成立於1990年5月15日，國營企業，註冊資本：1億人民幣，職工15人。股東成員包括：海南省世界銀行貸款辦公室，法人代表：李永清；董事長：王剛。在過去20多年中，做了11次工商變更，1次司法協助，4次涉訴公告。

2017年6月，網上流傳一篇5萬多字的文章《起底中國興南集團公司的前身、今生與來世》，文章談到，「1989年，陳峰從民航總局南下創辦海南航空，當時只從海南省政府那裡獲得了1000萬元財政資金支持，『只夠買個飛機零件』。直到1993年在STAQ系統上市後，才通過法人股募資獲得2億5000萬元融

資（其中有1億元為國資）和6億元銀行貸款，購買了一架飛機。」

據一位海航內部人士介紹，當時的銀行甚至不知道抵押貸款怎麼做，「按說貸款買了飛機，產權就得抵押給銀行，結果銀行稀裡糊塗還把產權算成海航的，海航就拿這架飛機又去抵押，一變二……」

2016年7月，海航集團再度躋身2016《財富》世界500強，以營業收入295億6000萬美元位列第353位。2016年海航集團整體年收入破6000億大關，總資產突破萬億規模，海航集團已獲銀行綜合授信超6100億元，而在快速發展的道路上，集團的資產負債率卻實現「七連降」。截至2016年底，海航集團資產負債率降至59.5%左右。

海航集團的員工總人數已經超過41萬人，其中境外員工人數近29萬人，占整個集團的總用工數的七成。海航集團境外資產占比超過30%，約合433億美元。自2006年至2016年，海航系已宣布的海外併購總規模近400億美元。

江的老部下劉劍峰是關鍵人物

此前《新紀元》周刊報導過海航成立的背景，從中發現，海航創業時的關鍵人物劉劍峰，以及後台江澤民和曾慶紅，他們才是海航的大靠山。

從維基百科可以查到如下信息：「在海航發展過程中，陳峰（1953年6月26日～）和劉劍峰（1936年6月4日～）起了重要作用，海航成立之初陳峰就從時任海南省省長劉劍峰支持下獲得了資金，在劉劍峰調任民航總局長之後，海航還能獲得額外的

照顧。」

「1989 年，劉劍峰交給陳峰 1000 萬元，開始籌備海航，一年後陳峰任省長航空事務助理，專門主導海航工作。有了政府的扶持，很多複雜問題都開始變得簡單。此後，三個月內他就募集了 2 億 5000 萬元，憑著這筆資金，陳峰向交通銀行獲得了第一筆貸款 6 億。從此海航走上資本擴張道路，1993 年 1 月完成股份制改造。這些歷程的背後，都隱隱約約流淌著劉劍峰的汗水和心血。再後來的故事，大家都很熟悉了。劉劍峰升任民航總局長，陳峰則當上海航的董事長。」

從官方簡歷中獲悉，劉劍峰早年留學蘇聯基輔工學院，無線電工程系半導體專業畢業，這與江澤民的留蘇背景有了共鳴。1984 年劉劍峰擔任中華人民共和國電子工業部副部長兼紀檢組長，而 1983 年 6 月至 1985 年 6 月之間，中共電子工業部的部長是江澤民，也就是說，江澤民當上部長後，提拔了劉劍峰擔任副部長，同時管紀律檢查，那時黃麗滿每天中午到江澤民辦公室鬼混，遭人舉報，但紀檢組長劉劍峰包庇江澤民，於是，江澤民就給了劉好處。

1988 年劉劍峰被調任中共海南省委副書記，1989 年擔任海南省長。當時海南是中國掙錢的好地方。1993 年，劉任中華人民共和國電子工業部副部長；1997 年，兼任中國聯合通信有限公司董事長，這個中國聯合通信有限公司，就是後來的江澤民之子江綿恆掌控的中國聯通家族企業的部分前身。1998 年，劉調任中國民用航空總局長、黨委書記，直到 2002 年 5 月退休。

有消息說，作為江澤民的大內總管，曾慶紅也參與了對海航的「特殊照顧」。

2017 年 5 月，著名經濟學家何清漣在《海航集團靠山篇》中寫道：「海南省長劉劍峰大概算是陳峰的一座顯山露水的靠山。將劉劍峰在官場任職經歷與陳峰的事業軌跡兩相比照，就會發現劉劍峰與陳峰在人生中有兩次重要的相遇，第一次相遇發生於劉劍峰擔任海南省省長期間（1989 年至 1993 年），1990 年在中國民航局計畫司工作的陳峰被聘為海南省省長航空事務助理，後獲海南省政府 1000 萬投資創立海南航空，這是陳峰的海航事業發軔之始。

第二次相遇發生於劉劍峰 1998 年調任中國民用航空總局長之後。這一期間，海航完成了發展史上最關鍵的兩步：第一步是 1999 年海航作為一家 A、B、H 股同時上市的公司，獲得巨額融資。第二步，以上市公司與中外合資公司之優勢，在 2000 年開始的國內航空公司戰略重組中，以小博大，兩年之內先後併購重組新華航空、長安航空與山西航空。」

文章還說：「當時在國企重組中，不少行業都存在這種以小併大的『蛇吞象』現象，關鍵在於該行業的政府部門支持誰。」

海航董事會沒有姚慶 卻有索羅斯

據阿波羅網記者調查發現，海航公司網站列出 11 名董事中並無姚慶。海航除了有海南政府投資外，索羅斯是海航的大股東。大陸網貼也稱海南政府持股近 50％，海航集團和索羅斯各有 19％。

人們對挖出索羅斯投資海航感到很驚奇。此前很少有這樣的報導。

另外，郭文貴列出的名單中，只有童甫一人在海航官網董事名單中。

官方首次回應 新華社批郭文貴海航爆料

面對郭文貴對王岐山的攻擊，官方一直保持沉默，直到 2017 年 7 月 10 日凌晨一時，新華社罕見發文反擊。這算是官方對於郭文貴的爆料的第一次回復。

新華社以「真相調查」方式撰文指稱，郭文貴對海航集團的爆料是透過收買民航系統員工，非法收集獲取航空公司內部客戶資料訊息後，進行深度加工、歪曲解讀，「以達到顛倒黑白、混淆視聽的目的」。

報導引述一名現年 47 歲、曾在中國大陸民航空管部門任職 20 多年的宋軍說，郭文貴在 2015 年 8 月透過即時通訊軟體 WhatsApp 和他聯絡，說可以幫他辦理英國移民，但希望他幫忙打聽中國大陸境內公務機乘客的出行訊息。

宋軍說，從 2015 年 12 月到 2017 年 3 月間，他透過朋友取得部分海航客戶的飛行日期、起落站、航班號碼、機型、機號等內容，提供給郭文貴祕書王雁平。報導說，這些訊息涉及 146 人的 561 項飛行信息。

對於郭文貴指控海航高層在公務機淫亂、奢華，6 月遭到逮捕的宋軍全盤否認。他指稱，他提供的只是乘客身份、航班起降時間等訊息，但郭文貴卻胡亂編造，看到隨行人員有女性就說是淫亂，看到經常搭乘就說是有公司股份。

報導指出，郭文貴不僅對準海航集團收集信息，也透過多種

管道想辦法收集查詢部分中東、美國等地政要和知名人士與其親屬的個人訊息與相關隱私。

被指是王岐山親屬 姚慶現身闢謠

2017 年 7 月 25 日，遭爆料是中紀委書記王岐山親屬的吉艾科技股份公司總經理姚慶現身媒體闢謠，否認自己是王的親戚，也否認持有爆料中所指的多家公司股份。

逃亡美國的大陸富商郭文貴早前爆料稱，王岐山夫人姚明珊的外侄姚慶掌控海航集團等多家公司，控制的現金達 1600 億美元，包括持有吉艾科技公司股份。

7 月 25 日，吉艾科技總經理姚慶接受媒體採訪稱，郭的爆料完全是謠言，給他本人、他的家人、親朋好友和他就職的公司造成了很大程度上的負面影響，因此要澄清，並稱保留採取法律措施追究郭文貴責任的權利。

姚慶指自己的籍貫是上海南匯，上大學之前一直生活在南匯農村。1996 年考上華東政法學院法律系（現華東政法大學），畢業後在上海一家民營企業任職。

2004 年，姚慶與朋友共同創業，在上海成立維誠信用風險諮詢有限公司。2007 年，他開始從事資產管理行業工作，負責不良資產的法律服務工作，並先後受聘上海多家民營企業擔任負責人。

姚慶還表示，自己出任吉艾公司 CEO 是受聘於實際控制人高懷雪和黃文幟，2016 年 10 月才受聘為總經理、董事。吉艾公司實際控制人高懷雪也否認姚慶持有公司股份。

　　高懷雪還稱，郭文貴說的這些公司和吉艾科技沒有任何業務往來和參股關係，關聯關係等純屬謠言。吉艾科技員工也都駁斥郭文貴的說法。

　　報導還指，郭文貴展示的「姚慶公司股權關係圖」是廣東人陳向軍製作。陳向軍稱，透過「天眼查」系統將吉艾科技與多家關係進行關聯，生成相關圖表，再經篡改，發給郭文貴，以此獲得五萬元人民幣的報酬。

第九章

郭文貴被多人控告誹謗

郭文貴大面積子虛烏有、含血噴人的爆料，其目的無非在十九
大前給中國政局添亂，製造煙霧混淆視聽，讓江派伺機反撲。
而其爆料大都禁不起考驗，紛遭當事人提狀上告。

郭文貴在美國接連遇到官司。（新紀元合成圖）

第一節

郭爆料都禁不起考證

　　2017 年 6 月 16 日，距離北戴河會議只有兩個月，流亡美國正受中國通緝的富商郭文貴爆料中紀委書記王岐山家族在海外坐擁巨富，6 月 20 日推特上還出現了王家在美 14 項物業的詳細資料，包括地址、業主資料、面積、市值、和外觀圖片等。爆料稱，王岐山的妻子姚明珊擁有其中的五套物業，王岐山及姚明珊養女孫瑤名下有 9 套。其中一套豪宅逾 540 萬美元等。

　　這一下舉國譁然。

　　不過《新紀元》周刊調查後發現，很多指控都是錯的。

王岐山妻妹姚明端的房產

　　進入 2017 年 5 月下旬，離中共十九大的召開不到半年的時間了，在博弈交戰近五年之後，習江雙方都在為各自贏得最後勝

利而衝刺，於是人們看到了郭文貴站出來藉舉報傅政華而攻擊王岐山，郭自稱習近平讓他調查王岐山家人的貪腐問題，意圖離間與攻擊習王的反腐聯盟。

5月24日，被指有江派背景的博訊網發表文章《王岐山小姨子在美國享受豪華生活》。此前郭文貴稱，王岐山一家在舊金山擁有豪宅，但未能提供出具體證據。《世界日報》翻閱了舊金山當地的不動產登記資料，結果發現王岐山的妻子姚明珊的妹妹姚明端於1996年購置了一個房子，位於舊金山灣區Saratoga（薩拉度加），屋主登記為Suen Frank Fung Shan與Yao, Ming Duan。

網上一直傳說稱其丈夫為孟學農，但查無實據，而且也有說法稱孟學農的妻子叫姚德敏，不是姚明端。從這個房產登記的人名看，姚明端的丈夫叫孫封山（孫鳳山）的同音字。

美國BBS上有知情人爆料說，「這處房產的主人姚明端、孫封山夫婦不像是假的，他們1990年在cupertino貸款30萬買了一處50萬的房子，1996年賣了這舊房子，買了現在的豪宅，2010年他們又在San Jose買了一處70萬的房子。而且他們還有一個女兒Anita Suen，1998年在cupertino的高中畢業，後進入UCLA和Stanford上學。」

該房建於1992年，有五臥、四浴，面積5394平方呎。根據Zillow網站估算，2017年此處房產市值約534萬元，不過arivify網站2015年的估價是201萬，外界不知1996年時的價格，但根據這二十多年大陸富商在舊金山大量置業、大大推高了房價的局勢來看，估計1996年姚明端夫婦購買時大概百萬美金。

一位住在附近不願具名的退休華人表示，比起灣區其他地方，薩拉度加此區房子算起來很大，過去當地華裔人口以台灣退

休人士居多，現在也有不少中國人移入，「不僅鄰居多了很多華人，在附近購物中心、圖書館也能碰到不少。」

也就是說，台灣退休人士都能購買的社區，當年的房價並不高。如今 80 年代移民美國的華裔人士大多也能有類似的家產。姚明端的女兒 Anita Suen，全名叫 Anita Yiu Suen。Yiu Suen 是香港、台灣等地對中文名「孫瑤」的拼寫方式。港台用的拼音方式不同於大陸，大陸對孫瑤的拼音是 Sun Yao。

由此可見，姚明端的丈夫 Suen Frank Fung Shan 是香港人，他的中文名可能是孫封山或孫鳳山之類的同音字。據說他是位香港商人。

回頭看江派對王岐山家人的攻擊，姚明端又不是中共官員，她的丈夫孫某也不知何許人，他們的房子是 1996 年購置的，跟王岐山關係不大。

林毅夫：郭文貴指控 99％ 不是真實的

中國經濟學家、世界銀行前副總裁林毅夫 2017 年 6 月 20 日在華府出席一個座談會，林毅夫被媒體問到對郭文貴近期爆料的看法。林指，郭的指控與現實不符。

林毅夫說：「首先我沒有追蹤有關報導，但從我收到有限信息，我可以說 99％的指控都不是真實，與現實不符。」

林毅夫還說，對於被爆料者，即使反駁了也還是會被曲解。

郭文貴曾預告，第三季的爆料要爆台灣權貴、商人如何行賄中國官方，不過在此之前，台灣《新新聞》獨家專訪了桓邦建設總經理陳志瑤。陳志瑤是唯一當過郭旗下政泉公司董事長的台灣

人，他在政泉公司待了三十二個月，家產被郭坑光，還慘遭毆打、栽贓，差點成了階下囚。而他的同事有的在被毒打逼簽單據後，再也沒有出現過。

文章說，透過陳志瑤的口述，我們可以知道郭確實有獨到的口才、金光黨般的詐術布局技巧，以及強大的黨政靠山，更有吃人不吐骨頭的狠勁。

第二節

告郭誹謗 胡舒立宣誓證詞為真

財新傳媒總編輯胡舒立
向美國紐約州法院提交
訴狀，控告郭文貴誹
謗。（AFP）

　　在郭文貴接連爆料的多名中共高層及商界人士的醜聞中，包括財新傳媒及其總編輯胡舒立。而胡舒立已就此事通過律師在美國提出訴訟，指控郭文貴誹謗罪。根據《大紀元》獲得的紐約州高等法院文件，胡舒立在訴狀後還附上了宣誓簽名（Verification），發誓證詞為真，否則甘受偽證罪之罰，包括坐牢。

　　洛杉磯華裔律師劉龍珠對這一細節做了解讀。他說，一般的控告書，宣誓不是必須的，胡舒立不僅告郭文貴，而且是宣誓訴狀，是要向全世界表示，「我沒做這些（郭文貴所說的）事情」。

　　17頁的控告書指稱，郭文貴公開在推特、臉書等社交媒體上發表捏造的、虛假的攻擊性言論，聲稱胡舒立有外遇、私生子、盜取用戶信息、勒索對手、吸毒、還導致她所謂的情夫進醫院搶救，並利用在財新的職務之便做違法行為，「所有言論完全是虛假的，而且給胡女士及她所創立的《財新》在全世界帶來羞辱、

蔑視和嘲笑。」

訴狀還控告郭文貴在推特和臉書上發表胡舒立私人信用卡的對帳單,「更進一步給胡舒立造成尷尬和傷害」。而郭文貴對胡舒立和《財新》的惡意誹謗是源於《財新》在 2015 年 3 月發表的一篇關於郭文貴的調查報導,詳細描述了郭文貴與貪腐官員陰謀策劃,成功地把當時的北京副市長趕下台。

訴狀在被告欄列出了郭文貴使用過的九個名字,包括 Guo Wengui、Guo Haoyun、Miles Kwok、Kwok Ho Wan、Kwok Ho、Gwo Wen Gui、Guo Wen-Gui、Wan Gue Haoyun、Haoyun Guo。

劉龍珠說,胡舒立告郭文貴誹謗,舉證責任在郭文貴。胡舒立要勝訴不需要證明郭文貴言論是假,但郭文貴要勝訴必須拿出證據證明其言論是真的。

「除非郭文貴有(胡舒立亂搞)錄影帶,否則很難證明他講的話是真。」因此劉龍珠認為:「這個誹謗官司,郭文貴的贏面不大。」「如果胡舒立打贏官司,意義不在金錢,在於打破了郭文貴的誠信,即他講的所有事情都不可信。」

針對郭文貴的爆料,也被郭爆與楊瀾有染的前美國駐華大使駱家輝在接受媒體採訪時說,他不知道中國政府會怎樣回應,但是在美國,人們擁有言論自由的權利。

劉龍珠說,駱家輝的話讓他感到意外,誹謗罪屬於民法入門課,律師出身的駱家輝怎麼會不知道,誹謗罪是不受美國憲法言論自由保護的。

「意見不同可以辯論,以這種下三濫的方式打擊對方名譽非常不對,」劉龍珠說,「特別是給女性造謠,所說的那些骯髒齷齪的事情,把人家名譽毀了,真假難辨,有人對胡舒立印象就不

好了。」

　　此前《新紀元》報導了劉龍珠對大陸名嘴周立波提告誹謗，他認為，在網路暴力盛行的今天，胡舒立狀告郭文貴誹謗，是「一燈能除千年暗」，給華人無形中上了一堂最好的普法課，可以藉機了解美國法律。

　　6 月 16 日郭文貴接受明鏡專訪時表示，「財新開庭今天全勝O」。六四學運領袖劉剛認為，從公開的法庭文件看，應是郭文貴的律師向法庭提出動議要求延期審理，而胡舒立律師反對延期審理，最終法庭准許延期審理，而不是郭文貴所述的案件勝訴。郭文貴僱員延誤 40 天轉交傳票給律師，造成延期申請。

　　劉剛 18 日刊文稱，胡舒立狀告郭文貴案是從 2017 年 4 月 21 日在紐約皇后區高等法庭立案，中間雙方律師進行了多次交鋒，共向法庭遞交了 25 份文件。最後一次是在 6 月 15 日雙方向法庭遞交了 13 份法庭文件。

第三節

潘石屹夫婦告郭文貴誹謗

潘石屹表示，不能任由郭文貴（左）造謠，已決定要向法院起訴。圖為 2008 年潘石屹與張欣夫婦在香港發布 SOHO 中國上市業績報告。（Getty Images）

　　有人評論說，郭說的有的是真的，有的與事實不符結果引來官司。北京最大房地產發展商 SOHO 中國董事長及聯席總裁潘石屹狀告郭文貴就是其中一個案子。郭文貴自稱在海外有很多資產，不過財新網披露說，因為一筆 8800 多萬美金的債務沒有償還，郭文貴被告上美國法庭。在英國，郭文貴通過布萊爾在阿聯酋拿到了 30 億美金的投資。

潘石屹狀告郭文貴誣陷

　　據陸媒報導，2017 年 5 月 22 日潘石屹通過微博發出一封公開信稱，郭文貴所說的有關潘早年參與「摩根中心」（現北京盤古大觀）項目投標時參與「串標」的說法是「無稽之談」。

　　潘表示，2006 年 5 月北京市政府收回「摩根中心」土地並

公開拍賣，最後投標的有上海實業、首創、華遠、大連正源和SOHO中國五家，投標過程是完全獨立的。結果是，劉曉光的首創中標了。潘披露，當時郭文貴就曾在焦點房地產網上稱，他們幾家開發商與政府勾結起來，搶他的地。

不過，當年 6 月，主管城市規劃、土地審批的北京副市長劉志華突然被免職，有大陸地產界「帶頭大哥」之稱的首創一把手劉曉光也被中紀委帶走。該地歸原主摩根投資。據陸媒披露，當時的摩根中心投資方郭文貴，為報復收回土地的劉志華，設計拍下權色交易視頻使其落馬。

對於郭文貴說有關 SOHO 中國股票中 50％是替人代持，潘石屹是官員「白手套」的曝料，潘完全否認稱，「SOHO 中國是香港上市公司，股權結構非常清晰」，任何人都可以查清楚。

潘石屹還說：「誰都知道郭文貴是國家安全系統的人，可以隨便的去竊聽，可以隨便的去抓人。誰都知道郭文貴背後的『老領導』勢力很大，在中國比天還大，誰敢得罪這樣的人呢？」但潘接著說，不能任由郭文貴造謠，已決定要向法院起訴。

而郭文貴則用視頻回應潘石屹的公開信，希望潘向美國法庭告他，要在法庭上對質等。

潘石屹稱郭的老領導勢力「比天大」

自 2017 年 1 月下旬以來，流亡海外的郭文貴在海外媒體及推特等，接連曝出多名中共高層及商界人士的醜聞，並多次提及「老領導」與其聯繫，引發外界對「老領導」是誰的關注。外界分析多指向曾慶紅，甚至是江澤民。不過有人預測，郭文貴到時

會「自爆老領導是王岐山」來製造混亂。

紐約時事評論員朱明表示，老領導的勢力「在中國比天還大」，誰都知道說的是曾慶紅、江澤民。潘石屹說出這樣的話，中共官方媒體還公開刊登出來，非常罕見。潘的話證實江、曾在中國無法無天，老百姓都知道。雖然一些媒體轉載時刪了這句話，但不少媒體還是保留了。所以，反腐不抓江、曾，難竟全功。

據自由亞洲電台 5 月 17 日報導，在當日的美國智庫論壇上，有「中國通」學者傅士卓（Joseph Fewsmith）表示，十九大前後如果再有「大老虎」落馬，曾慶紅是首選。

4 月 30 日港媒曾報導，北京高層已確認，郭文貴在中共十九大前的曝料行動有複雜的政治背景。消息稱，習近平、中紀委書記王岐山、中央政法委書記孟建柱，已掌握了郭的保護傘策劃的這一計畫，並達成一致，要打掉其保護傘。

女富豪張欣嗆聲郭文貴

5 月 22 日，郭文貴指爆料稱，女富豪張欣和主持人楊瀾與前美國駐華大使駱家輝有染。6 月 2 日，潘石屹發長微博表示，已經在美國起訴郭，同日，潘石屹夫人張欣說，不怕郭文貴這樣的狂人瘋人。

6 月 2 日，張欣在微博上回應郭文貴之前的爆料稱，「很多人奇怪，郭文貴罵了那麼多人，為什麼就我們站出來起訴他。因為大部分人都怕這樣的狂人、瘋人，我們不怕，我們就是要還原事實，如果每一個被中傷的人都理性的站出來，講出事實，這樣的誹謗哪裡有市場。」

　　與一般大陸富豪不同的是，張欣對中國的民主未來非常關心，並在四年前接受美媒採訪說，中國人最想要的就是民主。張欣最新推文是任志強微博被解禁，並附和任志強的合影。

　　一年前，劉雲山旗下的北京媒體，曾經藉由痛批任志強拐彎批判王岐山是推牆派，妄圖走西方憲政之路。2016 年 3 月 2 日，自由亞洲發表陳破空的評論文章《一場混戰，中南海亂套了》。文章中稱，黨媒炮轟任志強事件的最大看點是王岐山。

　　北京市委屬下的千龍網，痛罵任志強：「一個半夜三更喜歡給領導打電話的任志強，究竟誰給了他跳出來推牆的勇氣？……妄圖通過資本控制政權，走西方憲政之路。」一句話卻罵出了一個大祕密：任志強的後台是王岐山，敢於反腐、勇於打虎、有「當代武松」之稱的王岐山是改革派、推牆派、憲政派。

　　第二天，王岐山就布署中紀委巡視組工作：2017 年巡視 32 個單位，首當其衝的就是劉雲山主管的中宣部。中紀委對上中宣部，王岐山對上劉雲山，這就是中南海的左右搏擊、高層的左右之爭。絕非單純的權力鬥爭，還有明晰的路線之爭。

第四節

范冰冰告郭文貴誹謗

范冰冰 2017 年 7 月 6 日曬照發文，
疑似反擊負面傳聞。（范冰冰微博）

2017 年 7 月 13 日，中國著名女演員范冰冰工作室發表聲明，稱身在美國的大陸富商郭文貴惡意誹謗，並稱已委託美國好萊塢著名律師事務所在美國起訴郭文貴。

聲明稱，已經委託美國 LAVELY&SINGER 律師事務所全權代理，在美國正式啟動法律程式起訴郭文貴，並通過法律途徑追究所有侵權主體的全部法律責任。

LAVELY&SINGER 律師事務所是洛杉磯一所享有世界盛名的文娛與商業訴訟律所，重點業務範圍包括知識產權、名譽誹謗、商標、媒體法、隱私法、合同糾紛等。該律師所是美國媒體與文娛領域訴訟的領頭羊。

郭文貴此前頻頻針對某位中紀委領導爆料，並點名哪些女星

與其有染，但因為爆料不靠譜，或很快被網友證實造假，主流媒體沒有跟進。

7月6日，范冰冰在微博曬照發文：「我就站在陽光下等著你，等你從黑暗裡走出來與我對峙！我從不缺少面對黑暗的勇氣！從前是，現在是！將來亦然！」疑似就負面輿論作出回應。男友李晨也在微博力挺范冰冰：「陪你攜手同行，沐浴陽光。」

7月7日，另一位影星許晴也發表聲明，稱郭文貴捏造事實、惡意誹謗，要求郭文貴立即刪除所有涉及其的惡意、負面和不實信息，停止侵害行為並公開道歉，許晴同時表示將正式委託律師，通過法律手段追究侵權行為人的法律責任。

第十章

郭文貴憑特殊身份欠債不還

除了富商、明星、諸多大陸民企投擲的一樁樁訴訟官司及百億追債，郭文貴在美國至少還面臨著國際上三股勢力的追殺。一是阿聯酋官方的追殺。二是以色列摩薩德的追殺。三是郭文貴債主的追殺。

紐約董克文律師（中）2017 年 6 月 13 日在法拉盛舉行記者會，說明他所代理的大陸企業控告郭文貴欠債案。（大紀元）

第一節

謝建升紐約控告郭文貴詐騙

2017 年 7 月 18 日，被中國通過國際刑警發「紅色通緝令」追緝的逃美商人郭文貴，再次捲入官司。正在美國紐約「狙擊」郭文貴的河南商人謝建升，當地時間 18 日上午接受媒體訪問，控訴郭文貴對其進行合約詐騙，並稱已正式委託美國的律師事務所起訴郭文貴。

謝建升受訪時表示，郭文貴在網路多番誹謗他，嚴重影響其家庭生活，他決定要向郭文貴提出交涉。他又指，郭文貴謊稱不認識他，其實雙方早已認識 20 多年。他強調，自己手中掌握郭文貴的犯罪證據，將以不同方式逼郭文貴與他對質。

謝建升等人 7 月 17 日曾在郭文貴位於紐約的住所樓下拉起橫幅，要求美國政府遣返郭文貴，又要求與郭文貴當面對質，但郭文貴未有回應。

2016 年底，中共國安部前副部長馬建被「雙開」。中紀委通

報中列出了馬建的多宗罪狀。馬建被「雙開」前夕，海外有傳聞稱，曾舉報馬建和張越、流亡海外的民企老闆謝建升將回國，中共公安部撤銷了對他的通緝令。

2012 年，作為河南焦作凱萊大酒店董事長的謝建升，因遭遇郭文貴等人合同詐騙，向河南焦作市公安局報案。為此，焦作市公安局成立專案小組，由焦作公安局副局長王紹政任專案組長。本該抓捕涉嫌詐騙的郭文貴，但郭文貴買通馬建、張越等人，先下手為強，下令焦作市撤案，並指控謝建升行賄郭案的專案組組長王紹政。謝建升開始了漫長的上訪之路。

2014 年 6 月，該案件得以重新啟動，殊料，三個月後，專案組長、焦作市公安局副局長王紹政被調查，謝也因涉嫌行賄王而遭通緝，此後逃往海外。

當時郭文貴用金錢操控張越、馬建等人，抓捕了王紹政，接著馬上就要拘留謝建升，有人給謝透露消息，他立即在 2014 年夏秋之交的某一天黎明時分，把手機打開放在辦公室，讓心腹把車開到酒店後門，他先抵達車站，悄悄改乘高鐵遠去廣州，再由那裡的好友駕車開到珠海，又乘船到達澳門，接著，取出身上的護照和綠卡，乘飛機抵達溫哥華，再輾轉定居多倫多。

謝建升逃到加拿大後堅持不懈地向中紀委舉報郭文貴以及在背後給郭撐腰的馬建和張越等中共高官。

2015 年 1 月，謝建升接受媒體採訪，講述了他交往了二十多年的「好友」郭文貴的真實情況，揭露案情的來龍去脈。

謝建升說：「郭文貴是個毫無道德底線的奸商，他夥同趙雲安、曲龍侵吞華泰控股的數億財產，將我借錢給環渤海集團的抵押物津濱發展股票賣出後轉入郭文貴的公司帳上……郭文貴是個

無賴，經常使用語言暴力威脅他人，最近我看到他用短信威脅方正證券高官，這個郭文貴也採用同樣方法來威脅我。」

於是謝建升向採訪記者展示了郭文貴發給他的手機信息：「建升兄：你就這點本事？什麼事也跳不出我的手掌心，李友他死定了，你能跟著他去死？……我的關係網不是你能想得到的，就這麼幾下子，媒體就要聽我的，你有這本事嗎？憑我那幾個部級弟兄們對你的『關心』，你也知道我在京城的勢力了吧？……建升，我早告訴過你，順我者昌，現在知道什麼是政泉（權）嗎？我就是政權！……趕緊給我去焦作公安局把案子撤了，我就給你一條活路，不然的話自己準備好輪椅吧！好自為之吧。」

謝建升曾表示，郭文貴做人沒有底線，說話信口雌黃，一貫如此。

河南發家時拉下石發亮 弟弟死於詐騙案

因郭文貴而落馬的國安部副部長馬建這樣評價郭文貴：「我覺得郭文貴比較陰險狡詐，他在跟一些領導幹部的接觸中，不惜利用一些不正當的手段，抓住領導幹部的把柄，比如安排色情服務和安插眼線等方式，並利用這些把柄迫使這些領導幹部為他服務。」

除了人們熟知的北京市長劉志華外，《財經》還報導了郭文貴發家時在河南的石發亮。

1999 年 10 月，石發亮開始主持河南省交通廳全面工作，2000 年 5 月左右，石被任命為河南省交通廳黨組書記、廳長。知情人士稱，2001 年，石發亮被做局，受美色誘惑，而房間裡被郭

文貴安裝了攝像頭。

事後，石發亮指令河南中原高速公路股份有限公司購買裕達國貿大廈西塔 16、17、18 層，而且價格為裕達置業確定的每平方 1.4 萬元，不許還價。

2002 年，石發亮落馬，後被判處無期徒刑，但此案的受益者郭文貴卻全然無事，非常蹊蹺。

郭文貴一直稱他爆料是為了給弟弟報仇，不過他弟弟郭文奇的死跟他詐騙別人的錢有直接關係。

媒體報導說，1989 年，經郭文貴父親郭金福介紹，湖北省武漢市劉某、王某到中原油田聯繫購買汽油，找到郭文貴。郭文貴以送禮、辦「三證」為由，騙取劉某等共計 7150 元，後因詐騙罪被判有期徒刑三年，緩刑四年。

判決書顯示，當時在刑警拘傳郭文貴時，郭文貴用手卡住刑警寧某的脖子，並指使其妻岳慶芝外出喊人，其八弟郭文奇手持菜刀衝入室內，砍傷刑警寧某。寧某掏出手槍將郭文奇擊傷，經搶救無效死亡。

有媒體從權威管道獲悉，郭文貴及其相關人員涉嫌多宗犯罪，包括挪用資金、騙取貸款、騙購外匯、非法拘禁、銷毀帳目和會計憑證、侵犯隱私等，其中所攫取的巨額資金部分通過地下錢莊轉往境外。

郭文貴用假合同公章 騙得 32 億貸款

就在郭文貴爆料的當天，2017 年 6 月 16 日，北京盤古氏三名高管呂濤、謝洪琳和楊英，均因騙取貸款罪、騙購外匯罪而獲

罪。其中盤古氏投資有限公司副總經理呂濤被判有期徒刑兩年三個月，公司財務總監謝洪琳和楊英都被判有期徒刑兩年，緩刑三年。

據《南方都市報》報導，6月9日庭審現場，北京城建五公司董事長廖某稱，2010年10月，郭文貴邀請他到盤古大觀頂層四合院吃飯，飯局中說起公司需要資金、找農行貸款，需要城建五公司幫忙一事。

飯局上兩者達成默契：簽訂一份關於盤古大觀項目裝修的合同，以此向農行貸款32億元，但因为銀行要求貸款必須打入施工單位，城建五公司收到貸款後必須將錢返還至盤古氏，以便郭文貴自由使用資金，而郭文貴也答應給予城建五公司「好處」，由其承擔裝修施工工程。

庭審中，被告人、曾擔任北京盤古氏有限公司財務總監的楊英還坦言，在辦理貸款中發現最初與城建五公司簽訂的合同不能滿足貸款需求，在郭文貴的指使下，她將原來的合同拆分、修改成了四份假合同。

為了讓假合同「生效」，曾經擔任北京盤古氏公司副總經理的呂濤，被要求配合楊英，去找人刻相關的公章。「當時我就害怕了，我跟郭文貴說刻假章是違法的。」呂濤供述稱，「郭文貴催促我按他的意思辦，出了問題一切由郭文貴承擔，我只好按照郭文貴的意思去辦。」

報導說，呂濤與楊英都承認，在整個貸款過程中，除了假合同、假公章，包括證明北京盤古氏公司財物健康程式的財務報表、證明盤古大觀經歷了裝修施工的監理材料，也都是造假而來。

此前《新紀元》報導過，當時農行批准給郭文貴假貸款的，

正是落馬的當時的農行行長、後來的保監會主席項俊波。

涉嫌銷毀帳簿 郭文貴兄將被指控

6 月 17 日，大陸媒體報導說，遼寧省大連市西崗區檢察院日前對盤古氏公司職員涉嫌故意銷毀會計憑證、會計帳簿、財務會計報告罪提起公訴。

公訴機關指控，2013 年 8 月，為避免會計帳目被紀檢部門審查進而發現涉嫌貪腐線索，郭文貴指使被告人郭文貴的哥哥郭文存、馬成、勝瑞剛，由勝瑞剛具體實施，將北京盤古氏國際大酒店有限責任公司 2008 年開業至 2013 年度全部會計帳目銷毀。

港媒報導說，根據中共相關法律，故意銷毀會計憑證、會計帳簿、財務會計報告罪，情節嚴重者，罪成最高可以判監五年、罰款 20 萬元人民幣。

第二節

郭文貴在美國又被追債百億

　　2017 年 7 月 7 日，美國紐約董克文律師事務所在紐約舉行記者會，宣布將代表十個中國原告，向被告郭文貴追討總數超過 100 億人民幣的債務。十個原告包括六家公司和四個個人，分別是方正東亞信託有限責任公司、北京藍盾創展門業有限公司、北京京雄消防安全系統有限公司、華正陽泉碳纖有限公司、北京聯益合創科技股份有限公司、北京毛勒橋樑設施技術有限公司，四個個人有張成風、董偉、畢國清、楊磊。

　　原告的起訴書共有 39 頁，列舉出 18 條控告事項，主要指控郭文貴非法轉移資產和不當獲利，追債總金額約 103 億多元人民幣，折合約 14.7 億美元，再加 3000 萬美元懲罰性賠償，合共 15 億美元。

　　被告除了郭文貴，還有受其控制的兩家中國公司：北京盤古氏投資有限公司、北京政泉控股有限公司，以及郭於紐約州成立

的、他獨資擁有的 Genever Holdings, LLC。

原告要求紐約法院頒發禁令，禁止被告轉移目前個人名下的財產。

原告的狀子陳述：原告公司和一些個人都已經在中國法院取得判決要求美國法院執行，因為被告郭文貴利用其實際控制的北京盤古和北京政泉作為工具，將兩家公司的資產掏空並轉移出境，導致債權人雖然取得了法院的判決，卻仍然無法執行判決，得到應得的償付。

一個月前，董克文律師事務所已經宣布代理北京城建五建設集團公司、北京中仙偉業不鏽鋼裝飾中心、河南紅旗渠建設集團公司、江蘇南通四建集團公司等九家中國公司，向郭文貴追討2.72億元工程欠款，案子被告到紐約州高等法院。

這樣算來，郭文貴被大陸十個原告的提告追債103億多元人民幣，加上六月的2.72億多，郭文貴至少欠了105億多人民幣。

郭欠債 8800 萬美金 九年後在美遭訴

胡舒立主掌的財新傳媒曾多次與郭文貴交手。如2015年3月，財新雜誌曾刊出《權力獵手郭文貴》的報導。隨後郭文貴從海外反擊財新造謠，並對胡舒立進行激烈的人身攻擊。有報導認為，郭文貴、胡舒立大戰的背後是江派二號人物曾慶紅與中紀委書記王岐山之間的博弈。

2017年4月下旬，財新網發文指郭文貴因一筆拖欠九年的8800萬美元債務，被告上了紐約法庭。

報導稱，2008年，郭文貴以旗下的海外公司 Spirit Charter

Investment Limited 的名義，並通過個人擔保，向 Pacific Alliance Asia Opportunity Fund L.P.（下稱 PAX）借得鉅款，後經多次展期，至今分文未還。PAX 為香港太盟投資集團（PAG）旗下公司。

報導稱，PAX 將郭文貴訴至紐約曼哈頓法庭，要求其償還個人擔保下的 4642.6 萬美元本金，外加 4109.7 萬美元利息，合計 8752 萬 3471.46 美元。此外要求郭文貴一方承擔訴訟費用和 PAX 因追債產生的成本。

原告稱，過去九年間一直和郭文貴協調還款方式，經過了一系列更改協議、展期、變換還款方式，包括：雙方在 2011 年簽署新的協議，約定後者要在一年多的時間內還清本息，未果。2013年，原告希望郭文貴用其北京盤古氏投資有限公司（下稱盤古投資）的房產及資金抵債，但未能兌現。此後又經過三年內的四次展期，直到 2015 年初，「以房抵債」仍未實現。

雙方後又商定，由郭文貴公司引入新的股東償債，亦無下文。此後，郭文貴不再回應相關債務問題，催款公文石沉大海。

據報導，原告並非第一次付諸法律行動。在 2016 年初，PAX 曾在英屬維京群島勝訴，郭文貴用以借款的殼公司被清盤，但沒有追回任何款項。

在 PAX 長期追償沒有結果的情況下，郭文貴卻於 2015 年初以 6700 萬美元的價格在紐約中央公園東南角、第五大道 781 號，買下與 Sherry-Netherland Hotel 同處一座大樓的第 18 層一整層豪宅。

對於財新網的報導，郭文貴在推特中發文稱，「8800 萬美元官司只是我給我家族公司融資的一個大擔保，因專案組查封所有國內資產，所以無法兌現。借貸方找我要錢，4 月 18 日在紐約起

訴我這個擔人。這家基金是海航集團最重要的投資者之一，同時與馬副部長公開視頻、紅通等等同時進行。你們懂的！」

不過人們發現郭文貴在狡辯。這 4600 多萬美金是 2008 年借的，至少 2011 年債主就來討債了，與 2015 年成立的專案組沒有任何關係。而且郭文貴還故意把香港 PAX 基金與海航集團扯在一起，目的就是想攻擊王岐山。

郭文貴在推文中還稱，以後將曝光「涉及北 X 銀行民 X 銀行的巨大醜聞」。針對郭的持續爆料，中共黨報罕見地發表長文稱，中央政法委機關與中央保持一致，且絕不傳播政治謠言。

郭文貴想賣自己紐約豪宅來逃債

7 月 15 日，據財新網報導，在香港對沖基金公司 PAX 起訴郭文貴欠債 8800 萬美元一案中，控方要求紐約州法院阻止其出售紐約豪宅，以防止其轉移資產出境。

郭文貴在房地產經紀處掛牌的個人紐約住所，位於紐約中央公園東南角、第五大道。該處房產由郭文貴在 2015 年初以 6750 萬美元購買，如今以 7800 萬美元要價掛牌出售。這使債權人倍感緊張。香港一家正在起訴郭文貴的對沖基金公司緊急向美國紐約州法院申請凍結該處資產，以防範再次出現法院判決無法執行的結果。

第三節

郭靠布萊爾拿到 30 億美金

通過布萊爾獲阿聯酋 30 億美金投資

據財新網 2017 年 5 月 25 日報導，郭文貴通過英國前首相布萊爾獲得了 30 億美金的投資。

布萊爾辦公室相關人士承認，布萊爾與郭相識已有 10 年，郭文貴曾經是英國前首相布萊爾慈善工作的一名捐資人。但布萊爾從未與郭簽署商業方面的合同，也未因此收取費用。

布萊爾夫人雪麗·布萊爾 2009 年出版中文自傳時，郭文貴曾一舉買下 5000 冊。此後郭文貴與布萊爾的交往密切，布萊爾成了郭文貴倫敦和北京家中的貴客。

報導說，英國前首相布萊爾退休後，喜歡乘坐私人飛機在全球旅行。2013 年布萊爾的一次中東之行，乘坐的就是郭安排的豪華私人飛機，飛機費用由郭買單。

在布萊爾的引薦下，郭文貴認識阿聯酋阿布達比的王儲等要人，募集 30 億美元資金，成立了阿中基金（ACA），並成為該基金的管理人。報導說，此事發生在「中國與阿聯酋國家層面的合作項目中阿基金」緩慢推進的兩三年裡。言外之意，郭文貴挖了國家的牆角。

郭文貴後來解釋說，他兒子在英國讀書時的同學就有阿聯酋的王子等。不過看看阿聯酋國王的年齡，再看看郭文貴兒子讀書的學校，就能看出這裡有誤。

投資海通證券 股災時損失 5 億美金

2014 年底，海通證券宣布 H 股配售，總規模 40 億美元，引入七家投資人。2015 年 5 月，通過瑞銀（UBS）的安排，郭文貴的阿中資本以代理身份進入，借殼公司 Dawn State 認購海通證券 H 股 5.69 億股，在海通證券股東榜上名列第一。這筆高達 12.75 億美元的投資中，5 億美元來自阿中資本，另向 UBS 融資 7.75 億美元。

澳大利亞背景投行的麥格理原大中華區主席余建明，成為以阿中資本集團（ACA Capital Limited Group）為代表的「阿中系」公司的董事和總裁，而幕後真正的老闆為郭文貴。

報導稱，郭文貴大手筆的投資不到兩個月即遭遇股災。由於通過 UBS 進行槓桿交易，股價下跌觸及平倉線，而遠在美國的郭文貴未能按要求及時補充 2 億美金的保證金，其所持 H 股 5.69 億股被強行平倉，虧損近 5 億美元。

事後郭文貴把 UBS 告上法庭。但這一官司被紐約法院以管

轄權駁回，未能立案。

　　報導說，郭文貴雖掌控部分流動性資產，但因投資失利，面臨出資人的巨大壓力。財新網最後表示，將對郭文貴鮮為人知的資本活動繼續進行調查報導。

　　對上述報導，2017 年 5 月 25 日郭文貴通過視頻回應稱，有關其通過布萊爾認識阿聯酋王室的報導是「造謠」，要在十九大召開前舉行全球發布會繼續爆料。不過財新網在報導中給出了很多證據。

郭文貴的阿聯酋國籍 傳遭三路人馬追殺

　　自由亞洲電台 5 月 26 日刊登了一篇署名特約評論，題目是《郭文貴有無性命之憂》。文章說，「郭文貴每月花費百萬美元雇請保鏢，如此不惜工本無疑是深切憂慮性命危險」。

　　文章說，「最近郭文貴有性命之憂話題是郭文貴自己挑起的，他在 5 月 19 日的每日視頻中突然宣布，他如果遭到暗殺將由他介紹的律師和女助手繼續爆料。據網路上諸多分析文章指出，郭文貴發布性命危險原由，最明顯原因是郭文貴住所附近布滿了監視者和可疑之人。然而即使所說情況真是郭文貴目前的處境，這也絕不是一天之間突然出現而是時日不短的現象。」

　　不過隨後網路有文章稱，的確有三股力量在追殺郭文貴。郭文貴席捲阿聯酋某酋長國 30 億美元跑路美國後，引發各方關注。據信，包括阿聯酋在內的三路人馬已經向郭文貴發出絕殺令。

　　《新紀元》周刊在第 534 期（2017 年 6 月 8 日出刊）封面故事文章之一《潘石屹告郭文貴 郭在美國欠債英國找錢》中，談到

「在布萊爾的引薦下，郭文貴認識阿聯酋阿布達比的王儲等要人，募集 30 億美元資金，成立了阿中基金（ACA），並成為該基金的管理人」。

網上消息稱，中共十八大以前，郭文貴曾以中國國家安全部的「祕密」身份前往阿聯酋，與某酋長國祕密接觸，協調推進大陸貪腐集團巨額贓款的洗錢事宜。

在該酋長國，郭文貴受到官方超出規格的禮遇。雙方最終達成的協議包括，該國向郭文貴提供 30 億美元資金，由郭以其財團名義進行資本運作，郭承諾在短時期內讓該資金翻倍，而超出 60 億美金的收益則歸郭個人所有。

作為這項協議的「附加條款」，郭文貴要求加入阿聯酋國籍。根據後來的公開資料顯示，阿聯酋授予郭文貴先生國籍的理由是：對阿拉伯聯合酋長國有巨大貢獻。

但習近平執政後，郭文貴身後的貪腐集團成員逐一被定點清除，郭文貴為阿聯酋進行資本運作變得越來越難。事實上從 2008 年股災之後，最高層早已注意到中國金融資本市場的不正常現象。眼看實現對阿拉伯人的承諾無望，面對阿聯酋的一再催逼，郭文貴只能攜款出逃美國。

文章說：「阿拉伯人的錢不是這麼好拿的，郭文貴先生在美國至少面臨著國際上三股勢力的追殺。一是阿聯酋官方的追殺。二是以色列摩薩德的追殺。三是郭文貴債主的追殺。」

孫政才下台內幕

第十一章

孫政才與郭文貴
裡應外合

孫政才被突然免職、一周後即立案審查，震動中共官場。此前不久，郭文貴還在爆料視頻中大讚孫政才「天才」。有分析認為，郭文貴事件是江派在十九大前的一個全面系統的布署：在海外，讓商幹特務郭文貴攻擊王岐山；在國內，讓孫政才延續薄熙來的重慶模式，伺機翻盤。

江派在十九大前布署：郭文貴(右上)在海外攻擊王岐山，孫政才(左上)在國內持續薄熙來重慶模式，裡應外合密謀奪權。（新紀元合成圖）

第一節

郭文貴是國安的商幹特務

　　2017 年 5 月 30 日，網路上流傳一個帖子稱：「郭文貴是偵查境外『反動』組織的商幹特務」，文章說：

　　2015 年 3、4 月間鬧得紛紛揚揚的郭文貴案件，表明郭文貴也是「商幹」特務。郭文貴因被財新網等媒體起底，並被爆與落馬國安部前副部長馬建勾結斂財，引發郭文貴和「財新網」總編胡舒立的口水大戰。郭文貴在接受海外媒體採訪時，扯上王岐山。一個商人如何敢挑釁王岐山？

　　「博訊網」披露，郭文貴敢打著國家安全部的旗號，與他早年與國安部的「密切合作」經歷有關。因郭文貴持有美國綠卡，以及香港護照，他曾被國安部列為合作對象。他長期為國安副部長馬建主管的國安部第十局工作。第十局是對外保防偵察局，主管駐外機構人員及留學生監控，偵查境外「反動」組織活動。

郭文貴承認是商幹特務 自稱郭少將

4 月 19 日北京時間晚上 9 點，郭文貴接受美國之音專訪後，《大紀元》採訪了美國權威時政評論家郭寶勝。他認為，中共利用像富商郭文貴在海外做統戰工作，收集情報的現象非常普遍。

直播中郭文貴說：「中國安全部對一些有影響力、可以利用的商人進行所謂的『商業掛靠』，就是『讓你幹啥你幹啥』，當然不會讓你搞情報殺人，我不是特務，只是利用我的海外資源辦事，協助他們建立海外關係，還有聯絡海外的敏感人士，像是達賴喇嘛和民運人士。」他還說，在達賴喇嘛的專機花了好幾個億。

不過真實情況是反過來的，郭文貴是商幹特務，中共給他錢去聯絡達賴喇嘛，或中共給他其他好處作為補償。多年前《新紀元》周刊報導過，目前年輕的西藏人都希望用強烈的方式抗議中共對西藏的欺凌，而只有達賴喇嘛還堅持用和平的方式與中共商談，因此，達賴喇嘛成了中共的統戰對象。

郭寶勝表示，郭文貴與國安部副部長馬建的關係，可能讓他見一些重要的人物，替中共傳話。郭寶勝以著名藝術家英若誠事情來佐證說：「他在快死的時候就承認他也是一個為中共國安部做了一輩子工作的人，他也經常來海外。」

郭寶勝分析，促使郭文貴這樣的人當商幹特務的第二個原因：「再一個，他就是脅迫抓住你的把柄了，然後叫你做這個事情。在海外也是這樣，很多的經濟逃犯，國內幹了很多見不得人的事情，或者想回國的，中領館或總參、國安部就叫他們做這些事情。所以郭文貴這次等於是自我的承認，尤其是博訊抓著郭文貴不放的一點，就是說郭文貴就是國安部的間諜，他們也掌握了一些材

料，為國安部副部長馬建做了很多的事情，包括為傅政華做的事情。」

郭寶勝強調，直播上郭文貴說「我是做了一些事，但我不是他們編制的人。」這是工作關係一種聯絡人身份，這等於郭文貴公開承認自己是商幹特務。

郭寶勝表示，當時郭文貴將他跟達賴喇嘛的照片在推特裡披露出來，當下很多人就有疑問，但這次他也講清楚，他實際上跟達賴喇嘛聯繫是完成國安部交給他的任務，所以中共看到之後也不會生氣，因為是派他去工作的。

郭文貴以前也曾對人說，他是國安部的高級官員，相當於少將。後來這些話被人曝光出來，網上就有了「郭少將」的戲稱！

華府中國問題專家石藏山表示，郭文貴的「少將」，恐怕還是以訛傳訛。國安部部長是總警監，大概是中將級。所以郭不可能有軍銜，最多有個警銜。少將，相當於副部長了。當年賴昌星對盛雪說，他是少校情報官，大概不離譜。因為他是和總參情報部合作，主要針對台灣。

中共特務分三大類

在中共特務系統中，大體有三種情報人員：密工、商幹、掛靠。

「密工」：是專職特務，在行政編制內有工資拿，這種人在圈子裡被叫作「密幹」或「密工」，全稱叫「祕密工作者」。這一類人基本上是受過專業培訓的職業特務。

密工主要來源基本分三部分：一是各院校國際關係專業的畢

業生，例如位於南京板橋的解放軍國際關係學院，和北京海淀的國際關係學院。二是一些公安、政法院校的畢業生；三是少數地方大學外語專業的畢業生，如南京外國語學校。這些被中共選中的人，都有一個共性，那就是「政治過硬」。

「商幹」：是半在編的，在圈子內被稱為「商幹」。所謂半在編，就是因為這些人的名字上了中共特務系統的電腦，人員雖然已經進入特務系統的行政編制，但卻不拿工資，屬於特務機構發展的幹部人員。這些為所在特務單位蒐集各種各樣的信息資料，並按質量等級換取報酬。

遠華案的主犯賴昌星，就是總參情報部（也有說他是國安部的人）的正處級「商幹」特務，有工作證、有拘捕權，還有總參情報部的全國特別通行證，可以自由進出軍事與情報禁區。這類人並不指望從出賣情報中獲得多大利益，而是更看重作為特務幹部而享受的特權，為自己的不正當生意提供權力保護，和從常規管道得不到的商機。

「掛靠」：就是社會上俗稱的「線人」，這種人是最多的，他們完全不在行政編制內，但利用與特務機構的特殊關係獲得生意上的、經濟上的便利，從而得到金錢利益，並將部分經濟獲益返回給特務機構裡的個人作為保護費。

據說在大陸，凡是商人，只要加入總參情報部的組織體系，都歸總參情報部指揮，加入的這些人，就算犯了殺人放火的事，總參情報部都能將其擺平。

誰敢擋商幹特務的發財路，總參可以通知公安部、安全部，給他們安個罪名抓起來，就像總參三部隨時可監聽對手的電話那樣。條件是，每年要上交「組織會費」6000 萬元，並安排公司

20％的股份給他們。黃光裕、陳光標就是這樣做的，賴昌星也曾公開說他為中共的情報事業做了「大貢獻」。

郭文貴威脅要讓數十名部級高官死

此前有海外媒體爆料稱，郭文貴手中握有一套涉及中共「國家安全」的保密文件，以此要挾王岐山接受他的兩個條件。其一，本人不能繼續被查處，他的「民族證券」和國內的所有財產不得予以凍結，仍然屬於郭文貴家族。他本人不回國接受調查。其二，他的各級下屬不得受到查處。

郭文貴還威脅說：「如果共產黨讓我死，我會讓數十名部以上高官死，會啟動在中國大陸和香港的黑道程式，將讓郭文貴不爽的人血流成河。」他宣稱，他手上有馬建交給的中共駐外情報網的一份絕密名單，此名單一旦公布，將導致中共情報系統的致命重創。

據稱，郭文貴握有這套涉及「國家安全」的保密文件是因為馬建落馬前預感大事不妙，於是派郭文貴前財務總監急赴美國去見郭文貴，將文件送到郭手中。這就不僅是互相勾結，利用國安特權斂財，而且是叛黨叛國。

不過真實情況可能是郭文貴本人就是商幹特務，在馬建出事前，郭文貴就知道了一些內部情報。

郭文貴手握李長春等常委的光盤

郭文貴還手握部分高官的問題錄像，主要是政治局常委淫亂

遭偷拍的視頻。郭文貴在北京擁有神祕會所，核心部分是在一座極隱祕的四合院。來這個會所尋求放鬆的要人都是副國級與正國級的，正部級的連門也摸不著。這只是一個粗泛的標準，但作為其政商合夥人的國安部副部長馬建自然隨便進出。還有馬建仕途恩人、前國安部長許永躍也隨便進出。部分高官的淫亂錄像協助製作的技術人員統統為國安部特工。

已知被錄光盤的有前政治局常委李長春等人。據說，有若干現任政治局常委也被錄了。有人認為，若干現任政治局常委是屬於江澤民派系的。。

馬建公器私用，屢次偷拍訛詐。他曾為郭文貴徵地而策劃、主導了偷拍前北京副市長劉志華淫亂視頻，並導致劉志華2006年下馬，2008年被判刑，從而使得被劉志華沒收的郭文貴的繁華市段土地失而復得。馬建主導偷拍劉志華的證據被中紀委取得，成為決定抓捕劉志華的關鍵證據。然而，這也是導致馬建落馬的直接因素之一。

2017年1月26日，郭文貴接受「明鏡」採訪，爆料說他的公司雖然是民營公司，卻是國安部的聯絡單位，由馬建及其部下負責聯絡。這就證明，郭文貴的公司為馬建的國安部工作，其實也充當白手套，為馬建等國安部幹部非法斂財服務。

第二節

郭文貴早就投靠國安
結識鄧文迪

郭文貴是國安特務 才能四次逃往海外

郭文貴的真實身份，他是否是特務，可從他自己的公開言論看出來。

2017 年 1 月 27 日是中國新年。就在這一天，據外界稱為具有江派背景的美國紐約的明鏡新聞，視頻採訪了被中國政府紅色通緝的郭文貴。有趣的是，郭文貴不僅曝光了傅政華等人的料，無意中他也爆料了自己的真實身份。

郭文貴在視頻中直言：郭文貴的公司「盤古大觀」是國安部的聯絡單位。網路名人劉剛分析說，何為聯絡單位？說白了，那就是國安部的直接管理單位，表面是正常公司、但實際上卻是掛羊頭賣狗肉的特務單位，名義上是民營企業，實際上就是國安部的下屬單位。

郭文貴在視頻中反覆說：「我和李友不過都是小人物，背後都有大人物，有更大的後台，我們不過都是小小的工具，是傀儡！」這等於是說，他本人不過就是國安部的一個白手套，盤古公司的僱員都是國安部的特務。郭文貴既然是國安部的白手套，郭文貴是如何幫國安部做生意的呢？

郭文貴講到他本人是中國政府冊封的「反腐英雄」，他還列出了他的幾件反腐功績，包括他舉報了北京市副市長劉志華。劉志華當時是主管北京奧運項目的北京副市長，手中掌管巨額項目的審批。誰能拿到劉志華的批文，轉手一賣，就能獲得上億的現金。

郭文貴之所以舉報劉志華，是因為郭文貴找到劉志華，獅子大開口要項目，劉志華沒有滿足國安部的胃口，於是國安部決定撕票，讓郭文貴出頭去搞掉劉志華。這純粹就是土匪的綁票、撕票行徑。

郭文貴是用何種方式搞掉劉志華的？郭文貴說是先寫舉報信，舉報貪污受賄，中紀委查辦劉志華，但要求郭文貴提供具體證據。郭文貴隨後提供了劉志華在香港召妓的淫穢錄像視頻。

郭文貴如何能提供出這種視頻？很顯然，這是國安部特務給劉志華下套，誘使劉志華召妓，並全盤錄像。能夠拿出這種錄像，這也就是中國的間諜機構才有能力「造」得出來或「找」得出來。

劉剛說，從這個故事可見，郭文貴的盤古公司就是用這種方式來大賺其錢，是利用特務手段要挾恐嚇中共高官，拿到批文，再轉手倒賣。這比土匪綁票的生意還要簡單容易，甚至是根本就不用派自己的殺手去綁票，只需要一封舉報信，就能讓任何高官、富豪屈服就範。如果不就範，國安部就可通過祕密舉報來實現借

刀殺人。

郭文貴還聲稱他掌握有 18 盤錄像帶，聲稱是一個中紀委官員臨死前遺留下來的。這不過就是障眼法。18 盤錄像帶不過就是國安部所掌握的部分錄像帶而已。

文章還還說，郭文貴之所以同李友鬧翻，導火線是李友要求郭文貴同意通過聯手操縱股市，將股票市值蒸發 200 億。

這說明什麼？說明郭文貴和李友這些特務機構的白手套能夠任意操縱股市來圈錢，隨心所欲地欺騙小股民。這當然都是因為他們背後有後台，更因為他們背後的後台是特務機構。

新紀元在新書 058《郭文貴事件背後 王岐山擊退政變》中，詳細介紹了郭文貴的真實身份就是國安的商幹特務，這從郭文貴能夠四次逃往海外就能說明這一點。

據財新網報導，郭文貴首次外逃是在 1999 年前後，他當時有份投資開發的裕達國貿大廈陷入多宗訴訟，所以逃亡到美國。那個時候個人護照和美國簽證都很難得到的，除非是官方出面。由此可見，雖然郭文貴 2006 年才認識國安副部長馬建，但早在1999 年之前，他已經和國安掛靠上了。

2005 年郭文貴又因為在北京的地產投資失利，第二次逃往海外以躲避債務。

2012 年 8 月，被郭文貴欺騙的河南商人謝建升，以合同詐騙向焦作市公安局報案，並獲公安部的批示，郭文貴第三次逃往海外。

2014 年 6 月，郭文貴因謝建升案再度逃往海外。2015 年 1 月，馬建落馬。

賈慶林管統戰 培養商幹特務

孫政才在北京時，一度是賈慶林的祕書。賈慶林 1995 年之前在福建做官，最後官職是福建省委書記。1995 年陳希同被江澤民、曾慶紅搞下去後，文革時曾經幫江澤民家扛煤氣罐的賈慶林，當上了北京市長。

2002 年 11 月，江澤民提拔賈慶林當上政協主席，成為政治局常委。BBC 引述相關報導稱賈慶林是江澤民結婚時的伴郎。那時賈慶林就主管統戰，其中一項主要任務就是培養商幹特務，而把賈慶林捲入廈門遠華走私案的著名商人賴昌星就多次公開表示，自己是國安部（也是總參二部）的正處級「商幹」特務，有工作證、有拘捕權，還有國安部和總參二部的全國特別通行證。

郭文貴如他自己所說，他是「少將」級別的商幹特務，當然，這是郭文貴自誇了，不過，郭文貴是國安在冊的商幹特務，這是毫無疑問的。

有消息說，郭文貴之所以能認識英國前首相布萊爾（Tony Blair），正是透過另一個被外界公認為總參特務的鄧文迪。

據財新網報導，2013 年間，當時任聯合國四方中東特使的布萊爾訪問中東，曾乘坐一架豪華私人飛機，與其同行的還有一位中國人，負責為此次買單，就是郭文貴。隨後，郭文貴在海外的第一桶金就來自布萊爾介紹的阿布達比王儲及王室，郭文貴獲得 30 億美元的阿中基金供他操控。不過，早在此之前，郭文貴就通過鄧文迪認識了布萊爾。

分析稱鄧文迪引薦郭文貴

鄧文迪 1968 年出生在中國小城徐州，後來遷至廣州。她父親是廣州一家機械工廠的廠長，母親也是普通的工薪階層，還有兩個姐姐，一個兄弟，全家六口住在一套三居室的公寓裡。1987年，19 歲的鄧文迪利用課餘學英語的機會，結識了來自美國加利福尼亞州的切瑞夫婦，當時切瑞先生 50 歲，而切瑞夫人輔導鄧文迪英語。

1988 年 2 月，鄧放棄大學學業，在切瑞夫妻倆的幫助下來到美國，並住在切瑞家。切瑞夫人發現丈夫與鄧關係異常，憤怒地要求鄧文迪搬走，哪知切瑞也跟著搬了出來。1990 年 2 月，鄧文迪與切瑞結婚，但這對老夫少妻只共同生活了 5 個月，就因為年輕妻子的外遇而分手，但兩人的婚姻法律上維持了兩年七個月，這讓鄧文迪有資格獲得綠卡。

1990 年 7 月，鄧文迪認識一位比自己大幾歲的英俊小夥沃爾夫。沃爾夫精通漢語，兩人都在李寧公司經營的一家美國體操學院工作，沃爾夫擔任總經理。據說名義上就是沃爾夫幫鄧文迪支付了耶魯大學的昂貴學費。1995 年，沃爾夫去了北京，鄧文迪去了耶魯攻讀 MBA，兩人分手。

後來，鄧文迪成功地在飛機的頭等艙上與默多克新聞集團的董事布魯斯‧丘吉爾「偶遇」。鄧文迪以她三種流利的語言（漢語、粵語、英語）和耀眼的耶魯學位很快贏得了丘吉爾的好感。飛機還沒有到香港，她已輕而易舉地謀到了衛星電視公司總部實習生的工作。

1997 年，耶魯畢業後的鄧文迪，成為香港衛視管理層的唯一

中國女性。不久就發生了那個著名的「撒酒」故事，1999 年 6 月，鄧文迪與默多克結婚。2001 年 11 月，用人工授精方式產下一女，正式確定財產繼承關係。2013 年 6 月，男方提出離婚。很多國際媒體當時報導，感情破裂原因被傳是鄧文迪出軌，對象是前英國首相布萊爾，布萊爾還是她大女兒格蕾絲的教父。

網路上有不少評論揣測，鄧文迪 MBA 剛讀完，窮學生，哪有錢坐頭等艙，而且位置剛好在默多克新聞集團董事的旁邊，是哪個級別的情報部門能拿到默多克集團董事的機票資料？而且她能有本事搞得那麼多男人為她神魂顛倒，默多克在離婚 17 天後就與她結婚，她還能搞出試管嬰兒，在英國國會聽證會上，當有人攻擊默多克時，她快速地還手，當時媒體有報導調侃道只有經過特別訓練的特工才能有這麼敏捷的動作。

分析稱默多克當時掌控了全世界四分之三的人每天觀看的新聞，這對於曾慶紅搞的海外「大外宣」是非常重要的一步。

有分析認為，是鄧文迪不但把郭文貴介紹給布萊爾，還把郭文貴引入紐約上流社會。

第三節

孫政才與郭文貴
裡應外合失敗

王岐山「隱身」40 天後 孫政才傳出事

中共中紀委書記王岐山「隱身」40 天後，動作頻頻，拿下前甘肅省委書記王三運，前重慶市委書記孫政才被免職。有報導說，孫政才的問題很嚴重，犯了「政治錯誤」。外界認為，這似乎也印證了王岐山每次「隱身」之後，都伴隨有「打老虎」的大動作的規律。

王岐山在 2017 年 5 月 13 日最後一次公開露面後，有一個多月未出現在中共官方公開報導中。直到 6 月 22 日，官媒報導了王岐山到貴州視察的消息。

緊接著，7 月 11 日，中共人大教育科學文化衛生委員會副主任委員、前甘肅省委書記王三運涉嫌「嚴重違紀」被審查。

7 月 15 日，中共重慶市委書記孫政才突然被免職，由現任貴

州省委書記陳敏爾接任。孫政才仕途終結已成定局。

7 月 14 日至 15 日，中共全國金融工作會議在京召開。從官媒報導參加會議的名單來看，25 名中共中央政治局委員中，除有 2 人外訪外，獨缺政治局委員孫政才。

在中共十九大及北戴河會議前夕，重慶官場地震，孫政才突然被免職，引發各方分析與猜測。

孫政才被免職後，7 月 17 日，王岐山在官媒《人民日報》發表 5000 餘字長文，總結五年來的巡視工作，強調十九大後巡視工作將繼續進行，稱要「更好發揮利劍作用」。

時政評論員周曉輝表示，王岐山此時發表文章用意相當明顯。這不僅昭示了王岐山與習近平密切的同盟關係，也破除外界離間二者關係的意圖，同時釋放了王岐山將在十九大留任的信號。

作為習近平反腐「打虎」的得力助手，王岐山之前每次隱身，往往都是「打虎」或官場地震的前兆。

自 2014 年以來，王岐山已第六次隱身。前幾次隱身，包括中共前軍委副主席徐才厚、前政法委書記周永康、前河北省委書記周本順、前寧夏政府副主席白雪山、前上海副市長艾寶俊、前北京市委副書記呂錫文、前安徽省副省長楊振超及前江蘇常務副省長李雲峰等被處理。

孫政才與郭文貴裡外呼應 想「清君側」除掉王岐山

有關郭文貴在海外攻擊王岐山，王岐山在國內拿下孫政才，這裡面有雙方系統的布署。

很多評論都說，郭文貴對王岐山的所謂一系列爆料，基本都是假的，任意編造的，目的就是「清君側」，把王岐山從習近平身邊清除出去，也就是不讓王岐山留任，大陸微信上很多人公開喊出，先清理王岐山，然後再收拾習近平。

熟悉中共高層運作特性的中國問題專家們這段時間有不少關於郭文貴事件的分析，有一部分觀點認為，郭文貴事件是江派在十九大前的一個全面系統的布署：在海外，讓郭文貴攻擊王岐山，在國內，讓孫政才延續的薄熙來重慶模式，繼續欺騙百姓。一旦郭文貴的話起作用了，那江派就會大力宣傳重慶模式，扶持孫政才接班。

各省表態 習江鬥公開化

孫政才 7 月 24 日被立案審查，作為江派接班人，其落馬代表著習近平與江澤民集團的搏殺公開化，因此對政治敏感的各省官員，紛紛表態支持中央決定。

截至 7 月 26 日，大陸 31 個省區市，有近半公開表態支持習近平。這些地方包括孫政才曾任職過的地方：北京市委、吉林省委、重慶市委、農業部；天津、上海、湖南、新疆、甘肅、陝西、廣西、貴州、山西、雲南、青海等省區高層亦表態，「堅決支持中央的決定」，向習核心表忠。

時事評論員謝天奇認為，習近平突然廢了孫政才，等於動搖了江派「未來的希望」。這個重要性比當初拿下周永康，所引起的影響和官場震動要大得多，意味著習近平已經表明，不會向江澤民集團妥協。

習突然召開省部級研討班 「大事來了」

孫政才的落馬,在中共高層再次掀起大風暴,比薄熙來落馬的風暴還更猛烈。在這樣的大背景下,在官方宣布孫政才落馬的一天之後,習近平突然召開了一個戒備森嚴的緊急會議。

7 月 26 至 27 日,中共省部級高官專題研討班開班,不是在平常的中共中央黨校,而是換在軍隊嚴控的京西賓館舉行,並且會議規格空前,幾乎所有現任國級、副國級高官及重要省部級高官都出席了。

會上習近平還暗示,自己的理論「習近平思想」或將在中共十九大上正式提出、列入黨章。這與近期中共官媒及一些高官頻頻提及的「習近平思想」相呼應。

官媒微信公號「俠客島」稱:「這是十九大前最重要的一次高層會議」、「大事終於來了」。

官方通稿顯示,習近平講話中強調,在反腐鬥爭中,雖然已經取得了不小成果,但是「絕不能沾沾自喜、盲目樂觀」,要「任重道遠」等等。

奇怪的是,官方發出的新聞視頻中,台下每個人的桌上都沒有紙和筆,桌面上空蕩蕩的,不能記錄。

中國時政評論員謝天奇評論說,現任中共中央黨校校長是江派常委劉雲山。而京西賓館隸屬於新組建的中央軍委機關事務管理總局。習將省部級高官專題研討班轉到自己所掌控的軍方勢力範圍內召開,向中共官場上下展示軍權的意味明顯,也折射會議內容的重要性與敏感性。

在郭文貴大肆攻擊王岐山、攻擊習近平五年的反腐成果時,

習近平在十九大和七中全會之前，把所有高官召集起來開會並發表了「重要講話」，這無疑具有「統一思想」的指向，很可能習近平講到了王岐山的無辜被攻擊，講到了未來要挖出給郭文貴傳遞信息的老領導。

習表示，十八大以來反腐成果值得充分肯定，但是絕不能因此而沾沾自喜，「不能盲目樂觀」，「全面從嚴治黨依然任重道遠」，「必須以更大的決心、更大的勇氣、更大的氣力抓緊抓好」。這顯示習近平對江澤民集團的反撲企圖有著清醒的認識。

習的這番言論也向與會高官及外界釋放「打虎」繼續並升級的信號，預計十九大後將把矛頭直接對準曾慶紅和江澤民家族。這也許就是官方說的「大事要來了！」

第四節

郭文貴讚孫政才
習四個「不惜代價」

官方宣布孫政才落馬之後，習近平突然召開了一個戒備森嚴的緊急會議。2017 年 7 月 26 日至 27 日，中共省部級高官專題研討班，不准帶筆紙張。（新紀元合成圖）

2017 年 7 月 24 日，官方宣布孫政才被審查，等數百名省部級高官從各地飛到北京後，7 月 26 至 27 日，習近平在戒備森嚴的京西賓館召開了緊急會議，對外宣稱叫「專題研討班」。不過從央視畫面來看，台下桌上沒有紙筆，連水杯都沒有，人人都聚精會神地在聽著，不准記錄，也沒有什麼「研討」的氣氛，整個會場非常嚴肅。

習口傳四個「不惜代價」態度堅決

據台灣媒體《上報》報導，此次會議的重點之一，就是習當局針對十九大政局，口頭下達了「四個不惜代價」的指令。

　　報導引述北京消息透露，所謂「四個不惜代價」包括中央將不惜代價保護陷入風口浪尖的高層領導；不惜代價清洗中共黨內反對勢力；不惜代價應對十九大前後的外部壓力，以及不惜代價鎮壓內部的不穩定因素。

　　若該說法屬實，結合《新紀元》此前的報導，我們可以這樣來解讀習近平的話：「中央將不惜代價保護陷入風口浪尖的高層領導」，就是習近平要保王岐山連任；「不惜代價清洗中共黨內反對勢力」，這就是孫政才落馬的根本原因，因為孫政才是習陣營的黨內反對勢力——江派的接班人；「不惜代價應對十九大前後的外部壓力」，指的是郭文貴在海外製造的各種輿論壓力，「不惜代價鎮壓內部的不穩定因素」，這主要指的是安邦、萬達、樂視等大型企業的資金外逃給中國經濟帶來的不穩定因素。

習堅決保護風尖浪口的王岐山連任

　　《新紀元》早在三年前周永康落馬後就預測王岐山必須連任，因為王岐山為習近平的執政和改革開路，最大的既得利益者、最大的老虎還沒有拿下，若這時王岐山退休，那習近平不但反腐做不下去，自己的性命都可能會被「反習同盟」奪走。

　　2017 年 8 月 3 日，英國《金融時報》「王岐山：中國的鐵腕執行者」一文稱，「在仰慕者看來，王岐山是中國未來最佳的總理人選。」「從上世紀 80 年代初作為一名有影響力的年輕改革者嶄露頭角，到在全球金融危機期間處理與美國的經貿關係，王岐山在中國現代史上幾乎每一次關鍵金融和經濟改革中都扮演了重要角色。更近一段時期，他在一個更具政治色彩的位置上再次

鋒芒畢露。自 2012 年末以來，他一直被一些人稱為『習主席的刀把子』。……他手下的調查人員打掉了 150 多名涉嫌腐敗的副部級及以上俗稱『老虎』的高官。」

文章說，「越來越多的人私下議論，稱他將在經濟政策領域被賦予一個更大的角色——甚至有可能取代李克強出任總理。……一位曾與王岐山有過會面的人士表示：如果掌握了所有人信息的那個人突然被安排主管經濟，這將給整個體制造成巨大衝擊。」

文章說，「王岐山最強大的支持來自中國經濟改革派、跨國公司高管和外國外交官。這些人士認為，世界第二大經濟體迫切需要一位王岐山的導師朱鎔基那樣的行動派總理。」

據說正是朱鎔基的遊說，才使王岐山在中央政治局常委會謀得一席之地。但任命他主管反腐部門的決定卻出乎所有人——甚至包括王岐山本人——的意料。

王岐山是否會出任總理，《新紀元》周刊在第 534 期（2017/06/08）的《習保王歧山十九大連任 激戰江澤民》一文中指出：2017 年過年期間，王岐山到中央黨校去宣講六中全會精神時，特別闢謠說：有關李克強的去留、連任、調任等各種消息是「黨內不正常外傳的」，明春新一屆國務院總理仍然是李克強。

《金融時報》引用一位人脈廣泛的亞洲外交官的說法，「習李之間已經言歸於好」，他認為李克強將繼續擔任總理之職。

王岐山是北京高層中少有的金融專家，若他不擔任總理，可能會出任人大委員長，同時兼任國家監察委主任。這樣他會在經濟和反腐以及各種政策的制定中發揮重要作用。

《金融時報》也認為：「王岐山領導的機構正在對中國的宏

觀經濟政策產生深刻影響，幫助中共遏制金融風險，同時將資本流動從投機活動引回實體經濟。」這是當前中國經濟最需要的。

清洗黨內反對勢力 孫政才落馬內幕

經常看《人民日報》的人，可能對孫政才的落馬感到最吃驚，因為從 2016 年十九大籌備工作開始後，劉雲山主管的《人民日報》就不斷在頭版或重要版面大篇幅的介紹重慶的工作成績，不斷為孫政才造勢。

據不完全統計，2016 年頭四個月，《人民日報》對重慶的新聞報導已經多達 30 篇，9 月 12 日，《人民日報》的頭版頭條位置還是「重慶聚焦民生的發展觀」。

不過就在《人民日報》報導對重慶連番「唱好」之際，2016 年 11 月開始的中央巡視組的「回頭看」，發現重慶清除「薄、王」思想遺毒不徹底、國企腐敗嚴重、帶病提拔問題突出，與《人民日報》的吹捧大相徑庭。

時事評論員陳思敏認為，2016 年《人民日報》平均三天上一次重慶新聞，經常是頭版頭條或數千字的長文，這背後不可能沒有《人民日報》大老闆劉雲山的授意，就像當年為薄熙來重慶「唱紅打黑」叫好一樣。如今孫政才問題大了，為孫接班造勢的劉雲山，問題不就更大嗎？

劉雲山為何要這麼竭力地吹捧孫政才呢？《新紀元》此前報導了，孫政才是習近平的「黨內反對勢力——江派」的接班人。

據說江澤民堂妹江澤慧最先看中了孫政才，把孫推薦給江澤民後，孫才不斷獲得提拔。也有消息稱，出生山東的孫政才早年

結識時任中共組織部部長的山東老鄉張全景（1999 年曾慶紅接替張全景任中組部組長）和曾慶紅的太太王鳳清，二者在孫政才的仕途中扮演了重要角色。

孫政才與曾慶紅家族的往來密切。孫政才在北京順義區主政期間，低價把地皮批給曾慶紅的兒子曾偉。據說孫政才能夠當上重慶市委書記，除了張德江的推薦，最大後台正是曾慶紅。

2017 年 4 月 25 日，習近平主持政治局例行會議，罕見的審議了《關於巡視中央政法單位情況的專題報告》。在新華社的通稿中，雖未披露這份報告的任何內容，但強調對政法機關和政法隊伍兩大要求：「四個意識」、「以習近平為核心」。

如果說「強調什麼就是缺少什麼」，這意味著直到現在，政法系統還是有人抗拒抵制反腐，並且不認同「習核心」。在周永康已成階下囚的今天，政法系統的江派「反習勢力」，又是以誰為首？

陳思敏分析說，在中央政法委書記晉升為政治局常委的 2002 年 11 月十六大之前，政法委的上級主管部門是中央書記處負責人，而中央書記處從 1997 年至 2007 年 12 月的實際負責人是曾慶紅。

也就是說，如今曾慶紅是反習聯盟的「大頭」，而孫政才又是曾慶紅扶持起來的接班人。習近平當然要不惜代價除掉這個未來的奪權者。

2014 年 1 月，習近平在全國政法工作會上要求政法委：「面對重大政治考驗不能當『騎牆派』」。刀把子的「騎牆派」與地方野心家結成同盟，是軍隊之外對習近平最大的武力威脅。

值得注意的是，7 月 24 日被立案審查，7 月 25 日央視播出

的專題片《將改革進行到底》第九集中，引述了習近平有關「關鍵少數」的講話，並指出「從周永康、薄熙來、徐才厚、郭伯雄、令計劃到孫政才，一個個曾響噹噹的高官突然落馬。」

只是立案而尚未定罪的孫政才，就被官方與周、薄、徐、郭、令等人相提並論，而這五人在 2016 年被王岐山的署名文章定性是「陰謀家與野心家」。看來中紀委提前給央視打招呼了。

胡春華推遲表態 預示中共無接班人

在孫政才被立案審查後，短短兩天內，即到 7 月 26 日止，就有近半數省公開表態支持習近平當局的「立案審查決定」，並向當局表達忠誠，而同被稱為「第六代接班人」的胡春華，卻在北京開完會回到廣州後的 28 日，才開會表態廣東擁護當局決定，維護當局權威和集中統一領導。

胡春華的遲遲表態絕非偶然。有人認為胡是出於政治上的「謹慎」而不得不晚表態，也有認為，胡春華一定私下先向王岐山、習近平表態了，才推遲了公開表態，更有觀點認為若胡春華表態擁護當局查處孫政才，也就意味著中共十八大內定的「第六代接班人」名存實亡，原有的中共體制內的政治平衡被徹底打破，所以胡春華為了自身安全不得不看清形勢後再表態。

據港媒《爭鳴》2016 年 4 月報導，習近平上台後，就已看到「隔代」指定「領導班子」所帶來的弊端，並在十八屆三中全會後著手清理這種錯誤路線。有消息稱，習近平在 2016 年 3 月 2 日的中央政治局會議上，通過了撤銷「隔代任命」的決議，習在會議上表示，超前安排、固定高層「領導班子」成員的程序形式，

結果是出現帶病晉升、裙帶風等後遺症，代價太沉重。

有消息稱，胡春華在此之後上書中共中央，不願擔任「隔代指定繼承人」。從胡春華的老領導胡錦濤在退休之際把所有權力都交給習當局來看，胡春華的上書有很大可能是在胡錦濤授意下完成的。

因此有人認為，這次胡春華對孫政才立案遲表態，預示中共十九大將沒有隔代指定接班人。

應對外部壓力 郭文貴讚孫政才天才

美國中文《世界日報》社論分析，孫政才被廢，一個很大可能是，他參與或背後支持中國富豪郭文貴在美國爆料王岐山及其家人貪腐，甚至可能是郭文貴的老領導之一，想以此在十九大前把王岐山逼下台，影響下屆政治局和常委人事安排。

之前，郭文貴在直播視頻中曾大讚孫政才的政治智慧和政治能力，說他是「天才中的天才」，還稱如果孫政才將來能成為中國總理或中共總書記，將是「中華民族之幸」。郭文貴話音剛落，北京就傳出孫政才被雙規的消息。有人說，郭文貴反而幫了孫政才倒忙。

郭文貴曾在直播中稱讚過江澤民和曾慶紅，並變相承認自己是國安的商幹特務，也就是說，郭文貴就是江派在海外的發聲口。

郭文貴河南公司騙貸案判罰 1.5 億

就在習近平力挺王岐山之時，官方也在大陸繼續打壓郭文貴

的非法行為。

2017 年 8 月 4 日，河南開封中級法院宣判，郭文貴又一實際控制公司：河南裕達置業公司，被指騙取貸款票據承兌，被判罰金 1.5 億元人民幣，三名高管也被處罰，其中包括郭文貴的姪女。

法院認定，時任河南裕達置業財務部經理、財務總監的張新成，時任公司負責人、副總經理郭文貴的姪女郭麗杰，及時任財務部副經理的肖艷玲，均受郭文貴的指使，違反貸款、票據承兌管理規定，以欺騙手段取得銀行貸款、票據承兌共計人民幣 14.95 億元，至案發有 2.12 億餘元貸款未歸還。

張新成被判刑兩年，並處罰金；郭麗杰判刑一年六個月，緩刑兩年，並處罰金；肖艷玲因其主動如實供述，免予刑事處罰。

這是第二起郭文貴實際控制的公司被處罰。2017 年 6 月，郭文貴控制的北京盤古氏投資有限公司的三名高管，承認遭郭文貴指使騙取中國農業銀行 32 億元貸款，及為購買私人飛機騙匯 1350 萬美元，騙取貸款；其罪名成立獲刑，北京盤古氏遭罰 2.45 億元。

抓金融穩定 消除內部不穩定因素

習近平在省部級緊急會議上提出，「不惜代價鎮壓內部的不穩定因素」，這與當前明天系、安邦、萬達、復星、樂視等大型企業的資金外逃給中國經濟帶來不穩定因素有關。

2017 年 1 月，王岐山開始大力整頓金融界，多名金融人士和私營部門大亨被帶走，如身家約 400 億元人民幣（合 59 億美元）的超級富豪肖建華。官方把他從香港帶回大陸問話，因他涉嫌利

用銀行及其控制的其他上市公司推高各種金融資產的股價。

「肖建華是個毒瘤」，一位熟悉此輪金融業調查的中國官員對《金融時報》稱，「他對實體經濟沒有任何貢獻。他讓自己和很多人發了大財，卻對國家造成危害。」此前《新紀元》報導了，肖建華操控的資金高達 2 萬億，2015 年的大陸股災，就是江派金融大鱷們人為製造的，目的就是搞經濟政變，逼習近平下台。

上述官員解釋說，王岐山本輪調查背後更大的經濟政策目標是要「停止利用金融體系作為經濟增長的槓桿」。他補充說，「如果我們做到了，許多其他的問題將迎刃而解，如投機性資產泡沫。」

中國大變動系列 **059**

孫政才下台內幕

作者:王淨文/季達。**執行編輯**:張淑華/韋拓/余麗珠。**美術編輯**:吳姿瑤 。**出版**:新
紀元周刊出版社有限公司。**地址**:香港荃灣白田壩街5-21號嘉力工業中心A座16樓03室
。**電話**:886-2-2949-3258 (台灣) 852-2730-2380 (香港)。**傳真**:886-2-2949-3250 (台灣) /
852-2399-0060 (香港)。**Email**:newepochservice@gmail.com。**網址**:shop.epochweekly.com。
香港發行:田園書屋。**地址**:九龍旺角西洋菜街56號2樓。**電話**:852-2394-8863。**台灣
發行**:高見文化行銷股份有限公司。**地址**:新北市樹林區佳園路二段70-1號。**電話**:
886-2-2668-9005。**規格** :21cm×14.8cm。**國際書號** :ISBN978-988-77342-0-8。**定價**:
HK$128 / NT$400 / KRW$20,000 / US$29.98。**出版日期**:2017年8月。

新紀元
NEW EPOCH WEEKLY

www.ingramcontent.com/pod-product-compliance
Lightning Source LLC
Chambersburg PA
CBHW030404270326
41926CB00009B/1265